Helga & Klaus Urb

Kamelien im Garten

auswählen, pflanzen, pflegen

3. Auflage
76 Farbfotos, 7 Zeichnungen

Ulmer

Vorwort

Viele Kamelien sind an günstigen Standorten in normalen Wintern bei uns winterhart. Millionen von Menschen leben in Gegenden mit solchen Bedingungen, und als Gartenliebhaber kann man selbst eine Menge tun, ein noch günstigeres Kleinklima zu schaffen.

Seit dem Erscheinen unseres ersten Kamelienbuches „Schöne Kamelien" (1995) haben viele Gartenfreunde, die über kein Gewächshaus verfügen, den Versuch gewagt, Kamelien im Garten zu kultivieren. Mit zunehmendem Erfolg. Unser zweites Kamelienbuch „Kamelien im Garten" (2002) ging auf diese Bedürfnisse noch stärker ein. Dass es nun in 3. Auflage erscheint, bestätigt den Trend.

Dieses Buch haben wir für alle diejenigen geschrieben, die es nun auch wagen wollen, Kamelien im Garten zu kultivieren; damit sie es gleich von Anfang an richtig machen. Und auch für diejenigen, die es früher bereits versucht haben, aber leider ohne Erfolg.

Wir haben hier nur winterharte Sorten beschrieben. Allerdings spielen auch der Standort und die Pflege eine entscheidende Rolle.

„Kamelien im Garten" will Mut machen und auch Ihnen helfen, wie schon vielen zuvor, Freude an Ihren Kamelien zu haben.

Frankfurt am Main, im Herbst 2008
Helga & Klaus Urban

Inhalt

Foto linke Seite
'Adolphe Audusson' – hier im Frankfurter „Nizza" – wertet dieses noch recht kahle Fleckchen auf (Beschreibung siehe S. 104)

Faszination Kamelien

Kamelien sind bezaubernd schön. Auf den ersten Blick vielleicht etwas unnahbar und fremd. Und doch kommt man von ihnen nicht los, wird in ihren Bann gezogen.

Was macht ihre Faszination aus? Das Prachtvolle allein kann es nicht sein. Das Klare und Reine? Das Vornehme und Elitäre? Oder sogar der Stolz, der ihnen oft nachgesagt wird? Das Andersartige oder die Ähnlichkeit ihrer Blüten mit denen der Rosen?

Es ist schwer zu sagen. Aber auf jeden Fall haben Kamelien das „gewisse Etwas", einen Reiz, den man nicht näher beschreiben kann. Und sie müssen magische Kräfte besitzen. Das werden auch Sie sehr schnell merken – oder Sie gehören zu den wenigen, bei denen es bei einer einzigen Kamelie bleibt.

'Spring Festival' mit einer rosenförmigen Blütenform (Beschreibung siehe S. 103)

Bei Kamelien ist vieles anders

Kamelien haben oft verblüffende **Ähnlichkeit mit Rosen**, die Blüten sind auf Fotos manchmal kaum zu unterscheiden. Und schon ist man geneigt zu glauben: Was für eine Rose gut und richtig ist, kann doch für Kamelien nicht verkehrt sein.

Weit gefehlt, denn die **Blütenform** ist so ziemlich das einzige, was die beiden gemeinsam haben. Schon die Blütezeit der Kamelien ist außergewöhnlich. Ab Mitte März (in günstigen Jahren auch deutlich früher) bis Anfang Mai ziehen sie in jedem Garten alle Blicke auf sich. Die Rosen sind keine Konkurrenz – die letzten Kamelienblüten verabschieden sich, wenn die ersten Rosen erblühen. Entsprechend ist es bei den herbstblühenden Kamelien. Sie beginnen im Oktober oder unter günstigen Bedingungen auch

Camellia japonica 'Coquettii' wirkt besonders schön vor dunklem Hintergrund (Beschreibung siehe S. 105)

schon im September mit der Blüte, wenn die Hauptsaison der Rosen gerade vorüber ist.

Kamelien sind immergrün. Sie besitzen herrliches großes, schönes **Laub** in unterschiedlichen Formen, Größen, Oberflächen, Rändern und Farben – und das während des ganzen Jahres! Auch die **Knospen** sind eine Zierde; sie bilden sich im Spätsommer und erfreuen lange, bevor sie sich zu herrlichen Blüten öffnen. Kamelien sind deshalb als Gartenpflanzen **immer attraktiv**, es gibt keine Zeit im Jahr, in denen sie unscheinbar oder gar unansehnlich wären. Wenige andere Zierpflanzen können hier mithalten. Sie haben auch keine Stacheln und nichts, woran man sich verletzen oder sogar vergiften könnte.

Die Pflanzen haben **keine Wachstumsgrenze**, in ihren Heimatländern bilden Kamelien sogar richtige Bäume von beachtlicher Höhe. Man kann die Sträucher auf einer bestimmten Höhe halten, ohne dass dadurch die Blütenfülle leidet.

Kamelien kennen kein Altern, sie werden mit den Jahren immer schöner. Die älteste Kamelie in Deutschland – die Pillnitzer Kamelie – ist inzwischen weit über 200 Jahre alt und blüht immer noch jedes Frühjahr in unglaublicher Fülle. In den Heimatlän-

Mit Kamelien in Töpfen lässt sich hervorragend ein mobiler Garten gestalten

dern der Kamelien gibt es uralte, angeblich über 600 Jahre alte Exemplare, die immer noch blühen.

Kamelien **wachsen eher langsam**, zumindest in unserem kühlen Klima. Das ist ja auch einer der Hauptgründe, weshalb sie im Vergleich zu vielen anderen Zierpflanzen so teuer sind. Sie haben eine nur **kurze Wachstumsphase** und eine sehr **lange Ruhephase**.

Sie können, aber **müssen nicht geschnitten** werden. Hierin besteht wohl der größte Unterschied zu Rosen. Und sie brauchen **wenig Dünger**. Auch damit unterscheiden sie sich stark von den Rosen. Wer die ständige Folge

„düngen, schneiden, düngen, schneiden" leid ist, der sollte es einmal mit Kamelien versuchen.

Bei richtiger Pflege und an geeignetem Standort sind sie **kaum anfällig für Krankheiten**. Vielleicht, weil sie nicht ständig durch Düngen und Schneiden und Öfterblühenmüssen entkräftet werden?

So viele Vorzüge haben allerdings auch ihren Preis – nicht nur beim Einkauf. Kamelien erfordern anfangs **etwas mehr Mühe**. Sie erwarten, dass man sich mit ihren andersartigen Bedürfnissen vertraut macht, ihnen etwas Einfühlungsvermögen entgegenbringt und viel Zuneigung schenkt.

Schon Adalbert Stifter verglich in seinem Roman „Nachsommer" Rosen und Kamelien. Nur mussten die Kamelien damals, vor über 150 Jahren, für ihn noch wesentlich fremder wirken als für uns heute – in unserer Zeit offener Grenzen, auch was die Vielfalt der Pflanzenwelt betrifft.

Der aktuelle Kamelienboom

Eine Pflanze, die lange Zeit eher ein Schattendasein geführt hat, rückt selten so in den Mittelpunkt des Interesses, wie das bei der Kamelie seit etwa fünf Jahren der Fall ist. Was ist passiert?

Sicher ist, wie so meistens, das Zusammenwirken mehrerer Ursachen für den erstaunlichen Anstieg auf der Beliebtheitsskala verantwortlich. Ohne Zweifel bestand ein großer **Nachholbedarf**. Kamelien waren bei uns so gut wie unbekannt. Sie galten entweder als Exoten, die man allenfalls in südlichen Ländern wie dem Tessin bewundern konnte, oder als empfindliche Zimmerpflanzen, die zwar vielversprechende Knospen entwickeln, diese dann aber meist abwerfen.

Ein Prachtstück von Kamelie in einem Privatgarten in Frankfurt-Sachsenhausen

Es gab zwar durchaus einzelne erfolgreiche Ansätze, **Kamelien im Freiland** zu kultivieren. So setzte Marianne Beuchert bereits ab 1957 (!) Kamelien erfolgreich im Freien ein, wie sie 1973 im „Erwerbsgärtner" berichtete. Und im Gruga-Park in Essen pflanzte der damalige botanische Leiter Gerald Singel Mitte der 1960-er Jahre mehrere Pflanzen der Sorte 'Hagoromo' so erfolgreich ins Freiland, dass sie heute als stolze Bäume zu besichtigen sind. Auch im Frankfurter Palmengarten stehen mehrere bereits vor Jahrzehnten vom damaligen Leiter Prof. Schoser gepflanzte Kamelien im Freiland.

Dennoch hielt sich das Gerücht von den „empfindlichen Zimmerpflanzen" hartnäckig. Und die wenigen Baumschulen, die überhaupt Kamelien anboten, taten wenig, dieses Vorurteil zu entkräften, vermutlich aus der verständlichen Sorge vor Schadenersatzforderungen. Und selbst heute noch werden Kamelien in den Botanischen Gärten wenn überhaupt, dann überwiegend im Gewächshaus kultiviert.

So gibt es unter Kamelienfreunden kaum ein kontroverseres Thema als das der **Winterhärte von Kamelien**. „Winterharte Kamelien gibt es nicht" lautet deshalb ziemlich unisono das Urteil der Fachleute. „Ich habe aber

Ein sensationelles Foto der berühmten „Pillnitzer Kamelie": blühend ohne Glashaus

bereits seit Jahren Kamelien im Freiland" lautet das Gegenargument vieler Kamelienfreunde (zu denen auch wir gehören). Nimmt man Forsythien oder Flieder als Maßstab, haben die Fachleute natürlich recht. In diesem Sinne gibt es keine winterharten Kamelien. Vergleicht man aber mit Rosen oder Magnolien, dann können die Kamelien durchaus mithalten.

Dann hatte 1995 erstmals ein renommierter Verlag den Mut, ein Buch

Am Kamelienpfad im Schaugarten von Peter Fischer in Wingst

über Kamelien aufzulegen: „Schöne Kamelien", erschienen im Verlag Eugen Ulmer. Damit konnte endlich verbreiteten Irrmeinungen erfolgreich entgegen getreten werden.

Parallel wurden erstmals **Kamelien in Gartencentern** angeboten. Das war eine Sensation. Bis dahin waren Kamelien fast nur in **spezialisierten Kameliengärtnereien** erhältlich, oder vorgetriebene Exemplare in exklusiven Blumengeschäften, was den Ruf der

Kamelie als „elitäre“ Pflanze noch unterstrich.

Glücklicherweise waren die Winter der letzten fünf Jahre eher harmlos – verglichen mit den Wintern zuvor, von denen einige sogar extrem hart gewesen waren (auch der Winter 1996/97, in dem wir aber nicht eine unserer ausgepflanzten Kamelien verloren).

Auch die viel diskutierte **globale Erwärmung** wird mit dem – nicht nur in Deutschland – deutlich gestiegenen Interesse an Kamelien in Zusammenhang gebracht, sogar von der internationalen Kameliengesellschaft selbst. Auch die nie zuvor gekannte **Verfügbarkeit von Kamelieninformationen** über das Internet war sicherlich förderlich für den Siegeszug der Kamelie.

Der Bann scheint gebrochen. Die Besucherzahlen der jährlichen Kamelienausstellungen steigen von Jahr zu Jahr. Kaum eine renommierte Gartenzeitschrift, die im Frühjahr nicht eine ausführliche Reportage über die „blühende Eleganz“ bringt. Und immer mehr Gartencenter bieten im Frühjahr Kamelien an. Das Angebot befriedigt kaum noch die Nachfrage, da Kamelien vergleichsweise langsam wachsen, insbesondere in unseren Breiten. Die wenigen Sorten, über deren Winterhärte erste Erfahrungen vorliegen, sind kaum noch zu bekommen. Es drängen zwar aus dem Ausland **neue Sorten** auf den Markt, über deren Winterhärte noch wenig oder nichts bekannt ist. Kein Wunder, denn in den Herkunftsländern (insbesondere Italien, Neuseeland und Kalifornien) spielt die Winterhärte der Kamelien so gut wie keine Rolle. Aufgrund der unterschiedlichen Klimabedingungen würden deren Erfahrungen auch nicht ohne Weiteres auf unsere Verhältnisse übertragbar sein.

Kameliensammlungen in Deutschland

Kameliensammlungen im Freiland sind in Deutschland noch sehr selten beziehungsweise erst im Aufbau begriffen. Das zeigt, dass die Kamelie immer noch vorwiegend als Gewächshauspflanze angesehen wird. Die wenigen Botanischen Gärten mit Kamelienbeständen kultivieren sie in der Regel unter Glas. Zu nennen sind insbesondere der **Botanische Garten Berlin**-Dahlem, der **Botanisch-Zoologische Garten der Wilhelma in Stuttgart**, und neuerdings die Sammlung „Seidelsche Kamelien“ im **Botanischen Garten Schloss Zuschendorf bei Pirna** (nahe Dresden). In **Pillnitz** (heute Stadtteil von Dresden) steht im Schlosspark Deutschlands älteste Kamelie. Inzwischen weit über 200 Jahre alt, ist sie ein stattlicher Baum von etwa 9 m Höhe und vermittelt eine Vorstellung davon, wenn es heißt: „Kamelien haben keine Wachstumsgrenze“. Sie ist im Freiland ausgepflanzt, wird aber im Winter durch ein fahrbares Glashaus geschützt, so dass die Blüte unter Glas erfolgt. Es ist bereits das vierte Haus, aber immer noch die selbe Kamelie. Weitere fast ebenso alte Exemplare von Kamelien unter Glas sind ebenfalls in der Nähe von Dresden in **Königsbrück** und in **Roßwein** zu bewundern.

Der **Botanische Garten in Bonn** ist unseres Wissens der einzige mit einer

Sammlung von Freilandkamelien. Diese besteht aus zwei Teilen: Einzelne Exemplare, darunter eine prachtvolle 'Debbie', stehen seit vielen Jahren verstreut im ganzen Garten. Eine richtige Sammlung wurde erst vor wenigen Jahren angelegt; sie befindet sich auf einem Gelände außerhalb des Botanischen Gartens und ist leider nur nach Vereinbarung zugänglich.

Im **Gruga-Park in Essen** wurden erste Experimente mit Freilandkamelien vor über zwanzig Jahren durch den damaligen Leiter Gerald Singel angestellt. Zwei Exemplare der Sorte 'Hagoromo' sind inzwischen zu stattlichen, etwa 4 m hohen Bäumen herangewachsen. In unmittelbarer Nähe davon wurde vor wenigen Jahren entlang eines Weges eine kleine Sammlung angelegt.

Ähnlich ist es im **Palmengarten in Frankfurt**, der früher einen bedeutenden Bestand an Kamelien unter Glas aufwies. Hier wurden vor fast 30 Jahren durch den damaligen Leiter Prof. Gustav Schoser mehrere Exemplare herbstblühender Kamelien im Freiland nahe dem zur Siesmayerstraße gelegenen Teich ausgepflanzt. In der Nähe des Blütenhauses wurden in den letzten Jahren weitere Kamelien in das Freiland ausgepflanzt.

Ebenfalls in **Frankfurt**, im „**Nizza**" am Mainufer, einer öffentlichen Anlage, wurde jüngst von Rainer Gesell westlich der Sonnenuhr ein kleiner Kameliengarten angelegt – als Ergänzung zu dem ebenfalls von ihm geschaffenen mediterranen Garten östlich der Sonnenuhr. Das Bemerkenswerte an diesem Projekt ist, dass sich die Kamelien in einer öffentlichen Anlage befinden und ganzjährig und ohne Eintritt zugänglich sind. Man kann diesem Projekt nur viel Erfolg und rege Nachahmung wünschen.

Die unseres Wissens umfangreichste Sammlung von Kamelien im Freiland hat Peter Fischer im Schaugarten seiner **Kameliengärtnerei in Wingst** aufgebaut. Eine ausführliche Beschreibung dieses Bestandes hat er in Heft 3/2001 von „Camellia", der Zeitschrift der Deutschen Kameliengesellschaft, geliefert.

Neben diesen Sammlungen sind einige Ausstellungen erwähnenswert, die jährlich zur Blütezeit einen guten Überblick über das Angebot an Kamelien bieten, insbesondere im Palmengarten in Frankfurt und bei den Baumschulen Huben in Ladenburg (bei Heidelberg). Termine und Hinweise auf weitere Ausstellungen enthält „Camellia".

Die Auswahl ist noch nicht groß, aber zu jeder Sammlung lohnt sich die Reise (siehe Auflistung Seite 117f).

Nur Mut!

Alle hier aufgeführten Fragen sind uns immer wieder gestellt worden – von Besuchern der Kamelienausstellung im Frankfurter Palmengarten, bei Führungen, Vorträgen und oft auch am Telefon. Auf jede Frage gibt es eine Antwort und fast immer eine Lösung. Nur Mut – Kamelien sind einfacher als ihr Ruf.

Und die Chancen sind größer, als Sie denken. Aus unserer kleinen Umfrage wissen wir, dass in den letzten fünf Jahren erfreulich viele Gartenfreunde diesen Mut aufgebracht haben – und das mit großem Erfolg.

Das Jahr einer Kamelie

Wenn man sich den Verlauf eines Kamelienjahres einmal verinnerlicht, fällt es leichter, sich auf die Bedürfnisse einer Kamelie einzustellen. Nur eine gesunde, gut versorgte Pflanze kann auch schön blühen.

Das Kamelienjahr ist unterteilt in eine recht kurze Wachstumsphase und eine sehr lange Ruhephase (zu der auch die Blütezeit gehört).

In ihrer **Wachstumsphase** ist die Kamelie hochaktiv. Sie beginnt, für uns unsichtbar, mit dem Wachstum der Wurzeln. Unübersehbar ist dann das Ausbrechen des Neuaustriebs aus den Blattknospen gegen Ende der Blütezeit. Ist es warm genug, wiederholt sich dieser Vorgang nach einer Pause; wobei in unseren Klimazonen späte Triebe selten eine Chance zum Ausreifen haben und besser entfernt werden sollten.

Vor unseren Augen verborgen werden die Blatt- und Blütenknospen angelegt. Die **Blütenknospenanlagen** bilden sich in den längsten und wärmsten Tagen des Sommers bei mindestens 13,5 Stunden Tageslänge. Die meisten Sorten von *C. japonica* brauchen zur vielversprechenden Knospenbildung für die Blüte des nächsten Jahres außerdem eine Temperatur von mindestens 20 °C während mehrerer Wochen, die allerdings nicht unbedingt aufeinanderfolgen müssen. Der Erfolg der Williamsii-Hybriden in Europa beruht nicht zuletzt darauf, dass sie auch bei niedrigeren Temperaturen Blütenknopsen ansetzen.

Für uns wieder sichtbar sind das **Wachsen der Blütenknospen** und – bei Sorten mit Staubgefäßen – das **Ansetzen und Ausreifen von (nicht essbaren) Früchten**. Dafür braucht die Kamelie eine konstante Versorgung mit Zucker aus den Blättern und mit gelösten Mineralien aus den Wurzeln. Das funktioniert nur über eine gleichbleibende Wasserzufuhr. Wird sie in dieser Phase unterbrochen, können Schäden wie das viel beklagte Abfallen der Knospen oder auch verkümmerte Blüten auftreten. Beides offenbart sich erst, wenn es zu spät ist, um noch etwas zu retten. Die Hoffnung auf das nächste Jahr ist das Einzige, was bleibt.

Während des Winters legen Kamelien in unseren Klimazonen eine **Ruhephase** ein. Der Wasser- und Nährstoffverbrauch ist minimal. Die kühlen Wintertemperaturen sind Voraussetzung für schöne Blüten im Frühling. Man vermutet, dass über mehrere Wochen Temperaturen unter 10 °C erforderlich sind. Bewiesen dagegen ist, dass hohe Temperaturen während der kurzen, dunklen Tage zum Abfallen von Knospen und Blättern führen können. Das erklärt, warum Kamelien niemals eine Überlebenschance in unseren überheizten Wohnräumen haben können. Sie können sich noch so viel Mühe geben, Sie werden aus einer Kamelie keine Zimmerpflanze machen.

Um ihre Knospen öffnen zu können, braucht die Kamelie hohe Luftfeuchtigkeit und viel Energie. War der vorhergehende Sommer warm und lang, können Sie große, schöne Blüten erwarten. War er dagegen kühl und verregnet, fallen die Blüten kleiner aus. Das **Anschwellen und Aufbrechen der Blütenknospen** kann mehrere Tage andauern; diesen Vorgang zu beobachten, gehört mit zur Faszination der Kamelien.

'Brigadoon', eine wunderschöne gefüllte Blüte (Beschreibung siehe S. 99)

Die **Blütezeit** ist für uns die Zeit, die wir ganz aufgeregt erwarten, und meistens der Grund dafür, warum wir überhaupt Kamelien haben. Nur schmückt sich die Kamelie nicht für uns, sondern um Insekten anzulocken. Sie bestäuben die Blüten und ermöglichen der Kamelie die **Ausbildung von Samen**, die sich im Sommer entwickeln und im Herbst reifen. Der Fortbestand über die generative Vermehrung ist somit gesichert.

Antworten auf die häufigsten Fragen zur Kamelienkultur im Freien

Wo kommen die Kamelien eigentlich her?

Kamelien sind **ostasiatische Schönheiten** aus China, Japan, Korea und Vietnam. Sie kommen dort in Küstenregionen vor und sogar in Höhenlagen bis über 1000 m. Die Winter sind dort kalt, allerdings schneereich. Eine **hohe**

Luftfeuchtigkeit ist durch das Meer, durch Nebel oder Schneeschmelze gewährleistet. Die Temperaturschwankungen sind gering. Das herabfallende Laub hoher Bäume sorgt für **ausreichend Nährstoffe** im Boden.

Und das ist eigentlich schon alles, was eine Kamelie zum Wohlfühlen braucht.

Welcher Standort in meinem Garten ist für Kamelien am besten geeignet?

Ein geeigneter Standort ist die Grundvoraussetzung für den Erfolg der Freilandkultur von Kamelien. **„Geschützt"** vor zu viel Sonne und vor allem vor austrocknendem Wind muss er sein. So schön ein blühender Kamelienstrauch im Garten sein kann: eine Solitärstellung ist denkbar ungeeignet. Kamelien lieben die Nachbarschaft hoher Sträucher, natürlich auch anderer Kamelien, lichter Bäume oder von Gebäuden.

Hecken, beispielsweise aus Kirschlorbeer oder Eibe, bieten idealen Schutz vor Wind. Er wird zwar durchgelassen, aber so stark gedämpft, dass er kaum noch schaden kann. Mauern schützen auch, können aber – da sie undurchlässig sind – in ungünstigen Fällen den Wind so umlenken, dass er auf der anderen Seite der Mauer mit noch größerer Kraft wirkt. Deshalb ist Vorsicht geboten.

Berücksichtigen Sie bei Mauern und Hecken auch die Gefahr des Austrocknens im Wurzelbereich. Nicht nur Pflanzen, sondern auch Mauerwerke entziehen dem Boden Feuchtigkeit. Außerdem halten sie oft Niederschläge ab, so dass die Kamelie an einem solchen Standort selbst bei länger andauerndem Regen im Trockenen steht und gewässert werden muss.

„Halbschattig" soll der Standort sein, damit die Temperaturunterschiede möglichst nicht zu groß sind. Halbschattig bedeutet entgegen der verbreiteten Meinung nicht nur einen Standort im lichten Schatten, sondern dass hier für eine begrenzte Zeit des Tages – eben nicht den ganzen Tag, das wäre vollsonnig – die Sonne scheint. Zu viel Sonne würde das Laub der immergrünen Pflanze möglicherweise verbrennen. Zu wenig Sonne – vor allem im Sommer, wenn die Pflanze Blütenknospen ansetzen und ausbilden soll – würde die Blühfreudigkeit beeinträchtigen. Im Sommer kann die Kamelie erstaunlich viel Sonne vertragen, so lange nur der Wurzelballen nicht austrocknet. Es gibt aber auch Gruppen und Sorten, die volle Sonne oder auch relativ viel Schatten (siehe Seite 22f.) vertragen.

„Vor Morgensonne geschützt" soll der Standort sein. Das hat schon zu vielen Missverständnissen geführt. Zunächst müsste es genauer heißen: „Im Winter vor Morgensonne geschützt", denn im Sommer schadet die Morgensonne überhaupt nicht. Da die Sonne im Osten aufgeht, wird allgemein angenommen, dass ein nach Osten gerichteter Standort ungeeignet ist. So einfach ist es aber nicht. Mauern, Hecken und Bäume verhindern bei der

'Shiragiku' (Syn. 'Purity') – hier im Frankfurter „Nizza" – mit idealem Mauerschutz: hoch genug und weit genug entfernt (Beschreibung siehe S. 96)

im Winter tief stehenden Sonne oft, dass Morgensonne auf einen nach Osten ausgerichteten Standort fällt. Und wegen der kurzen Tage im Winter fällt die „Morgensonne" erst am späten Vormittag und von Süden ein. Im Januar und besonders im Februar kann diese Morgensonne schon recht kräftig sein. Nach einer klirrend kalten Nacht treffen die wärmenden Sonnenstrahlen dann auf Zweige und Blätter einer Pflanze, deren „Füße" nach gefroren sind.

Selbst die Angabe „Osten" birgt Missverständnisse. Die Ostseite unseres Gartens bekommt nur Spätnachmittagssonne, ideal für Kamelien. Und die winterliche Morgensonne würde, wenn sie hingelangen könnte, direkt auf unseren Kamelienhang scheinen, den wir an der Grenze zum westlichen Nachbarn angelegt haben. Sie kann aber nicht, da Bäume und das Nachbarhaus an der Ostgrenze die Sonne im Winter gar nicht hinlassen. Stattdessen kommt dort nur Nachmittagssonne hin, gedämpft durch eine lichte Hecke aus Kirschlorbeer, die wir im unteren Bereich zurück geschnitten („aufgeastet") haben.

Man muss den Sonneneinfall eines ins Auge gefassten Standortes schon sehr genau beobachten, bevor man über „geeignet" oder „ungeeignet" entscheidet. Auch kann man selbst sehr viel nachhelfen. Wir haben inzwischen Kamelien überall ausgepflanzt, da unser ganzer Garten geschützt liegt, nicht nur eine bestimmte Stelle. Hat man in seinem Garten die Wahl zwischen verschiedenen Himmelsrichtungen, sind West-, Nordwest- oder auch Nordlagen ideal.

Kann ich eine Kamelie auf die Terrasse stellen?

Durchaus, wenn die Terrasse nicht zu sonnig und windig ist, denn Sonne und Wind trocknen aus, was eine Kamelie gar nicht gut verträgt. Gegen beides kann man die Kamelie bei ausreichender Terrassengröße aber schützen, zum Beispiel durch eine bewachsene Pergola und durch immergrüne Pflanzen in Kübeln. Eibe und Kirschlorbeer eignen sich dafür besonders gut.

Das eigentliche Problem auf der Terrasse ist: Was mache ich mit der Kamelie, wenn es Winter wird? Im Topf ist keine Kamelie winterhart, gleich welcher Sorte sie ist. Wenn der Wurzelballen durchfriert, vertrocknet die Kamelie. Sie müssen den Wurzelballen vor dem Durchfrieren schützen. Das gelingt am besten, indem Sie die Pflanze an einen frostfreien, aber hellen Platz ins Haus holen, so lange Frostgefahr besteht.

Bei einem kleinen Topf ist die Gefahr des Durchfrierens besonders groß und das **Hin- und Herstellen** eigentlich kein Problem. Sie sollten dazu aber „vor Ort" sein, kurz bevor es richtig kalt wird. Ein Winterurlaub kann da zum Problem werden, es sei denn, Sie haben einen verlässlichen Hüter. Und sobald der Frost vorbei ist, muss die Kamelie schnell wieder ins Freie. Das wiederholte Hin- und Hergestelltwerden ist für die Kamelie kein Problem und bekommt ihr besser als

Was wäre diese Terrasse ohne die in voller Blüte stehende 'Inspiration'? (Beschreibung siehe S. 102)

Der Topf wird auf eine genügend große Matte aus Kokosfaser gestellt

Die Seiten werden hochgeschlagen

Zur besseren Haltbarkeit wird die dicke Matte zusammengebunden

So mollig verpackt kann die Kamelie im Topf dem Winter entgegensehen

der lange Aufenthalt in einem ungeeigneten Raum.

Ist der Topf für ein solches Hin- und Herstellen zu groß und zu schwer, können Sie lediglich den Topf (nicht die Pflanze selbst) gut einwickeln. Wir verwenden dafür seit Jahren mit sehr gutem Erfolg **Kokosfasermatten**. Diese lassen sich leicht handhaben, sind witterungsbeständig, trocknen schnell wieder ab, sehen sogar gut aus – und sind erstaunlich preiswert, da man sie jahrelang wiederverwenden kann. Ein kleines Problem ist, dass man Stauraum braucht, um sie bis zum nächsten Winter aufheben zu können.

Nur über eines muss man sich im Klaren sein: Ein **Risiko** ist mit dieser Methode immer verbunden. Es kann jahrelang gut gehen, und ein einziger extrem kalter Winter kann das Ende der Kamelie bedeuten. Kameliengärtner raten deshalb aus verständlichen Gründen davon ab: Sie fürchten Reklamationen. Auf eigenes Risiko kann man es durchaus wagen. Einige Jahre lang eine herrlich blühende Kamelie auf der Terrasse! Wem das nicht Lohn der Angst genug ist, sollte es wirklich lassen.

Kann ich eine Kamelie auf den Balkon stellen?

Ein Balkon ist sicher kein idealer Platz für eine Kamelie. Aber wer keine andere Möglichkeit hat, muss trotzdem nicht auf Kamelien verzichten.

Vieles, was für die Terrasse als Standort gesagt wird, gilt natürlich auch für den Balkon, nur sind die **Platzverhältnisse** auf dem Balkon in der Regel beengter. **Sonne und Wind**

'Shirobotan', durch eine Strohmatte vor Winden geschützt (Beschreibung siehe S. 96)

können je nach Stockwerk und Lage des Balkons eine deutlich größere Rolle spielen. Ein „nackter" Südbalkon, auf den monatelang erbarmungslos die Sonne knallt, ist sicher nicht geeignet. Eine geschützt liegende, nach Westen oder Norden ausgerichtete Loggia kann durchaus als Standort in Frage kommen.

Unser kleiner Nordostbalkon – gerade mal knapp 2 m² groß, aber nach Norden und Osten geschützt durch unsere Blutpflaume, hohe Eiben- und Hainbuchenhecken sowie das dahinterstehende Nachbarhaus – war der erste Platz, auf dem wir selbst es mit einer ersten Kamelie im Freien versuchten. Er erwies sich als ausgezeichneter Standort, da ihn keine Morgensonne, aber im Sommer Nachmittagssonne bis in den Abend hinein erreicht. Nur wurde er für die Kamelie nach einigen Jahren zu eng. Die Nachfolgerin, eine Kamelie der Sorte 'Snowman', fühlt sich nun auch seit vielen Jahren dort sehr wohl, bis auch sie zu groß werden wird.

Das Problem bleibt allerdings bestehen: Wohin mit der Kamelie bei **Frost**?

'Plantation Pink' fühlt sich in der Sonne wohl (Beschreibung siehe S. 103)

'Hagoromo' verträgt auch einen schattigeren Standort (Beschreibung siehe S. 100)

Einen kleinen Topf kann man bei Frost natürlich leicht ins Haus holen und unmittelbar nach dem Frost wieder ins Freie bringen. Allerdings muss man im Haus einen geeigneten Platz haben, außerdem muss man selbst oder auch ein anderer da sein und ans Einräumen denken. Das ist meist das größere Problem.

Den Topf den ganzen Winter über draußen zu lassen und durch Einwickeln vor Frost zu schützen, dürfte auf einem Balkon normalerweise **aus Platzgründen kaum möglich** sein. Aber selbst wenn der Balkon dafür genügend groß sein sollte, sollten Sie bedenken, dass der Wind an einem solchen Standort üblicherweise viel stärker angreift und ein Schutz durch Hecken meist nicht möglich sein dürfte. Von dieser Möglichkeit ist also eher abzuraten.

Brauchen Kamelien viel Schatten?

Immer wieder ist zu hören, dass Kamelien viel Schatten brauchen. Hier handelt es sich um ein großes Missverständnis. Kamelien brauchen beides, Schatten und Sonne, aber jedes zu seiner Zeit.

In unserem Klima ist der **Schatten vor allem im Winter** wichtig als Schutz vor der Morgensonne. So können die Blätter der Pflanze nicht oben auftauen, obwohl unten die Wurzeln noch gefroren sind. Der Wassertransport innerhalb der Pflanze wäre nicht mehr gewährleistet: Sie erfriert nicht, sondern vertrocknet!

Im **Sommer ist Sonne erforderlich**, damit die Pflanze Knospen ansetzen und ausbilden kann. Deshalb blüht eine Kamelie an einem sehr schattigen Platz vergleichsweise zögerlich oder gar nicht.

Fazit:
Ein Standort, der im Winter vor Morgensonne geschützt liegt und im Sommer genügend Sonne für die Knospenbildung bietet, ist ideal.

Natürlich ist ein vollsonniger Platz im Sommer für die meisten Kamelien ein Problem. Die Gefahr des Austrock-

Kameliensorten, die etwas mehr Sonne vertragen oder sogar brauchen

Sorte	Gruppe	Blütenform	Blütenfarbe
'Anticipation'	Will-Hybr	PÄON	rosa
'Baronesa de Soutelinho'	Sas	EINF	weiß
'Black Lace'	Ret-Hybr	VG	rot
'Brigadoon'	Will-Hybr	HG	rosa
'Cornish Snow'	Sonst. Hybr	EINF	weiß
'Donation'	Will-Hybr	HG	rosa
'Elegant Beauty'	Will-Hybr	ANEM	rosa
'Hiryu'	Sas	HG/ROS	rot
'Inspiration'	Ret-Hybr	HG	rosa
'Kenkyo'	Sas	EINF	weiß
'Lady Vansittart'	Jap	HG	mehrfarbig
'Lago dei Cigni'	Sas	EINF	weiß
'Leonard Messel'	Ret-Hybr	HG	rosa
'Masayoshi'	Jap	HG	mehrfarbig
'Narumigata'	Sas	EINF/HG	weiß
'Navajo'	Sas	EINF	mehrfarbig
'Plantation Pink'	Sas	EINF	rosa
'Setsugekka'	Sas	HG	weiß
Bedeutung der Abkürzungen siehe Seite 91			

Schattenverträgliche Kameliensorten

Sorte	Gruppe	Blütenform	Blütenfarbe
‚Adolphe Audusson'	Jap	HG	rot
'Anticipation'	Will-Hybr	PÄON	rosa
'Black Lace'	Ret-Hybr	VG	rot
'Brigadoon'	Will-Hybr	HG	rosa
'China Clay'	Will-Hybr	HG	weiß
'Cornish Snow'	Sonst. Hybr	EINF	weiß
'Debbie'	Will-Hybr	PÄON	rosa
'Donation'	Will-Hybr	HG	rosa
'Elegant Beauty'	Will-Hybr	ANEM	rosa
'Freedom Bell'	Sonst. Hybr	HG	rot
'Grand Prix'	Jap	HG	rot
'Hagoromo'	Jap	HG	rosa
'Inspiration'	Ret-Hybr	HG	rosa
'Jury´s Yellow'	Will-Hybr	ANEM	mehrfarbig
‚Leonard Messel'	Ret-Hybr	HG	rosa
'Mary Christian'	Will-Hybr	EINF/HG	rosa
Bedeutung der Abkürzungen siehe Seite 91			

nens ist zu groß, und das Laub kann „verbrennen".

Sie können es aber auch mit Züchtungen von *C. sasanqua* („Sasanquas") oder einigen anderen Hybriden versuchen, die sehr viel mehr Sonne vertragen als die Sorten von *C. japonica* („Japonicas").

Darüber hinaus gibt es aber Kamelien, die erstaunlich viel Schatten vertragen (siehe Tabellen S. 23).

Zu welcher Klimazone gehöre ich?

Von hoher Bedeutung für den Kulturerfolg von Kamelien im Freien ist der Standort. Einen wichtigen Anhaltspunkt für den eigenen Standort liefert die **Winterhärtezonenkarte**.

Es gibt verschiedene Winterhärtezonenkarten. Die am weitesten verbreitete ist die von HEINZE und SCHREIBER (Mitteilungen der Deutschen Dendrologischen Gesellschaft 1984), die – in Anlehnung an eine entsprechende Karte für die USA – auf Basis langjähriger Durchschnittswerte der Minimumtemperaturen elf Winterhärtezonen unterscheidet. Deutschland gehört zu

Zone 6	–17,8 bis –23,3 °C
Zone 7	–12,3 bis –17,7 °C
Zone 8	–6,7 bis –12,2 °C

Gemeinhin gilt Zone 9 (–1,2 bis –6,6 °C) als Voraussetzung für die Kamelienkultur im Freiland, zu dieser Zone gehört beispielsweise Südengland. Diese Zone gibt es in Deutschland laut dieser Karte nicht.

Allerdings ist bei der Anwendung dieser Karte einige Vorsicht geboten: Zum einen sind die angegebenen Temperaturbereiche **langjährige Durchschnittswerte**, von denen die tatsächlichen Temperaturen in einem bestimmten Winter erheblich abweichen können. Daneben spielt das jeweilige **Kleinklima** eine entscheidende Rolle. Innerstädtische Bereiche sind in der Regel eher klimabegünstigt als freiere Lagen der Umgebung; durch Mauern, Hecken und dichte Bepflanzung lässt sich ein noch erheblich günstigeres Kleinklima erzielen. Unser kleiner Garten liegt erheblich geschützter als unsere Nachbargärten, und wir vermuten, dass wir eher zu Zone 9 gehören; jedenfalls gedeihen bei uns Pflanzen, für die allgemein Zone 9 als Voraussetzung angegeben wird. Das sollte Sie anspornen, sich Ihr eigenes günstigeres Kleinklima zu schaffen.

Neben den Tiefsttemperaturen selbst spielt der **Verlauf des Winters** eine große Rolle. Wichtig ist nicht nur, wie tief die Temperatur sinkt, sondern auch wann sie sinkt, wie lange die Frostperiode andauert und wie schnell die Temperaturänderungen erfolgen.

Tiefe Temperaturen im Dezember oder **Januar** sind weniger dramatisch, da sich die Pflanze zu diesem Zeitpunkt in absoluter Winterruhe befindet. Kritisch sind dagegen konstant niedrige oder sogar **weniger niedrige Temperaturen im Früh- oder Spätwinter**, wenn die Pflanze noch oder schon wieder aktiv ist. Die Winterhärte der Pflanze ist nicht während des ganzen Jahres durchgehend gleich, sie entwickelt sich vielmehr im Herbst langsam und bildet sich im Frühjahr wieder zurück. Früh- beziehungsweise Spätfröste treffen die Pflanze deshalb überra-

schend: Entweder ist sie noch nicht ganz darauf eingestellt oder hat den Winter längst hinter sich geglaubt. Die der Klimazonenkarte zugrunde liegenden Tiefsttemperaturen gelten deshalb für den tiefen Winter, dagegen können selbst höhere Temperaturen im Früh- oder Spätwinter Schäden anrichten.

Mit **Winterschutz** haben Kamelien auch in Zone 8 gute Chancen. Zu dieser Zone gehören in Deutschland die klimabegünstigten Gebiete entlang der Nord- und Ostseeküste und des

Günstige Voraussetzungen für Kamelien im Freien:
- bewährte Sorten aus einer seriösen Bezugsquelle
- guter Allgemeinzustand der Pflanze
- günstiges Kleinklima
- gut durchlässiger Boden
- nicht zuviel oder zu spät düngen
- auch während frostfreier Perioden im Winter wässern
- angemessener Winterschutz

Praxistipp:
Ob Sie mit Ihrem Standort relativ günstig oder eher ungünstig liegen, können Sie einfach feststellen: Messen und notieren Sie die nächtliche Außentemperatur über einen längeren Zeitraum hinweg und vergleichen Sie diese mit den Temperaturangaben im Wetterbericht, die allgemein als Bandbreite angegeben werden. Liegt die von Ihnen gemessene Temperatur regelmäßig am oberen Ende der Bandbreite, haben Sie das Glück, in einem vergleichsweise günstigen Kleinklima zu leben. Wenn Sie dagegen immer am unteren Ende rangieren, sollten Sie Ihre Hoffnungen wohl etwas zurückschrauben.

Rheingrabens, insbesondere die Kölner Bucht bis tief ins Ruhrgebiet hinein, das Neuwieder Becken, das Rhein-Main-Gebiet, der Rhein-Neckar-Raum und der Bodenseeraum.

Die übrigen Gebiete Deutschlands sind Zone 7 oder gar 6. Aber auch in diesen Zonen kann die Kamelienkultur im Freiland erfolgreich sein, wenn alle sonstigen Voraussetzungen günstig sind.

Welcher Zone man selbst angehört, können Sie aus der Karte im Allgemeinen relativ leicht entnehmen: Zone 8 ist ockerfarben, Zone 7 gelb und Zone 6 hellgrün. Allerdings ist die Zonenangabe manchmal missverständlich: Laut Karte sind auch der Kahle Asten und der Brocken Zone 7. Dort würden wir es mit Kamelien nicht unbedingt versuchen wollen. Die Höhenlage wurde in der Karte nur unzureichend berücksichtigt. Viele weitere Einflussfaktoren der individuellen Lage bleiben unbe-

Nomen est omen: 'Snowman' (Beschreibung siehe S. 97)

rücksichtigt: ob Hanglage (eher günstig) oder Mulde (ungünstig), ob Nord- beziehungsweise Osthang (eher ungünstig) oder Südhang (eher günstig), ob Innenstadt (günstig), Waldrand (eher günstig) oder freie Lage (ungünstig).

Keinesfalls darf die Zonenangabe der Karte zu wörtlich genommen werden. Es kommt natürlich nicht nur auf die Minimumtemperatur an und schon gar nicht auf den Durchschnittswert. Eher die **tatsächliche Tiefsttemperatur** und die **Dauer der Frostperiode** sind entscheidend. Auch auf den **Zeitpunkt des Frostes** kommt es an; Lagen mit häufigen Früh- oder Spätfrösten sind weniger geeignet. Die Winterhärte ist ein sehr komplexer Sachverhalt, bei dem viele verschiedene Faktoren eine Rolle spielen. Die Zone sagt nicht definitiv etwas über die Eignung des Standortes für die Kamelienkultur aus, gibt aber schon einen gewissen Anhaltspunkt.

Wie die Karte sehr anschaulich zeigt, sind die klimatischen Verhältnisse in Deutschland sehr unterschiedlich. Es trifft zwar durchaus zu, dass wir im Rhein-Main-Gebiet ein vergleichsweise günstiges Klima haben, aber wir sind, wie die Karte zeigt, nicht die einzigen. Millionen von Menschen wohnen in klimabegünstigten Lagen! Und viele Weitere leben in Gebieten, wo sich ein Versuch zumindest lohnen würde. Und nur weil es vielleicht auf der Schwäbischen Alb nicht auf Anhieb geklappt hat, kann man nicht sagen, Kamelien seien in Deutschland nicht winterhart.

In den USA wurde mit den Züchtungen von Dr. Ackerman („Ackerman-Hybriden") das Gebiet, in dem Kamelien erfolgreich im Freiland ausgepflanzt werden können, bis auf Zone 6 ausgeweitet! Leider fehlen noch entsprechende Erfahrungen mit diesen Hybriden bei uns, aber die ersten Versuche sind sehr vielversprechend.

Man sollte nicht unterschätzen, was man selbst tun kann, um das Kleinklima zu verbessern. In unserem sehr geschützten Garten erwiesen sich mehrere Pflanzen als winterhart, für die Zone 9 als Voraussetzung angegeben wird, obwohl wir laut Karte zu Zone 8 gehören. Deshalb: Nur Mut!

Was muss ich beim Kauf einer Kamelie beachten?

Kamelien sollten nicht aus einer Laune heraus oder aus Begeisterung im Vorbeigehen gekauft werden. Sie sind etwas Besonderes. Deshalb sollten Sie vor dem Kauf einige Punkte überdenken (siehe Checkliste auf Seite 28).

So gut vorbereitet, können Sie zur Tat schreiten. Wir raten immer zum Kauf bei einem **renommierten Kameliengärtner** (siehe Bezugsquellen Seite 118f.). Bei ihm können Sie sicher sein, dass die Kamelien richtig gepflegt werden und dass der fachmännische Beratungsservice stimmt.

Kamelien sind nachtragend. Es kann lange dauern, bevor ein Pflegefehler sichtbar wird. Da sollte man schon auf Nummer sicher gehen. Gesund sollte die Kamelie aussehen, **glänzendes, sattgrünes Laub** haben und – je nach Jahreszeit – einen **guten Knospenansatz** oder schon Blüten besitzen. Sie sollte nur **einen Stamm** haben. In letz-

Checkliste für den Kamelienkauf
- Welchen Platz kann ich ihr bieten?
- Habe ich schon den richtigen Boden (Moorbeeterde) oder muss ich ihn erst schaffen?
- Ist die Möglichkeit der Überwinterung gegeben?
- Zu welcher Zeit sollte sie blühen, damit ich möglichst viel von ihr habe? Beispielsweise ist eine früh blühende Sorte nicht sehr sinnvoll, wenn ich um diese Zeit regelmäßig auf Reisen bin.
- Wohne ich in einem klimabegünstigten Gebiet (siehe Seite 24ff.) oder bin ich in einer raueren Gegend zu Hause?
- Welche Blütenfarben und -formen gefallen mir am besten?

ter Zeit findet man immer häufiger Kamelien, die zwei oder sogar mehr Stämme haben. Hier sind mehrere Jungpflanzen zu einer zusammengesetzt worden – ein Versuch, der gigantischen Nachfrage nach ansehnlichen und somit verkaufsfähigen Exemplaren gerecht zu werden.

Neuerdings werden in exquisiten Blumengeschäften schon im November blühende Kamelien angeboten; dabei wählt man Sorten, die ihre natürliche Blütezeit erst im Winter oder im Frühjahr hätten. Vorsicht, sie sind vorgetrieben und brauchen lange, bis sie ihren normalen Rhythmus wiedergefunden haben!

Auch von kleinen, nur etwa 20 cm hohen Pflanzen mit einer riesigen Blüte sollte man Abstand nehmen. Ein solider Kameliengärtner lässt eine so kleine Pflanze noch nicht blühen. Das kostet die Pflanze zu viel Kraft und sie wird es kaum überleben. Gegen die Ansicht, die Kamelie sei eine Wegwerfpflanze, wehren wir uns entschieden.

Ein Beispiel für eine passend gewählte Sorte und Blütenfarbe: Angenommen, ich wohne in einer etwas raueren Gegend, in der die Temperatur im Winter durchaus auf –10 °C sinken kann, und im Frühjahr aus den Nachbargärten Forsythien herüber leuchten. Ich würde mich für die *Williamsii*-Hybride 'Jury's Yellow' entscheiden – sie ist widerstandsfähig und ihre Blüten mit der zartgelben Farbe greifen das Gelb der letzten Forsythien auf.

Woran erkenne ich, ob eine Sorte fürs Freie geeignet ist?

Wenn mit dieser häufig gestellten Frage die Winterhärte gemeint ist, gibt es keine allgemein gültige Antwort.

Es gibt über 30.000 verschiedene Sorten von Kamelien, aber nur von einer verschwindend kleinen Anzahl – vielleicht weniger als hundert – gibt es einigermaßen gesicherte Erfahrungen mit der Winterhärte.

Das liegt vor allem daran, dass sich in den Hauptherkunftsländern der Kamelien (insbesondere in Kalifornien) das Problem der Winterhärte überhaupt nicht stellt. So gab es bei der weltberühmten Züchterfirma Nuccio in Kalifornien in den letzten 30 Jahren nach eigener Aussage nur ein einziges Mal – und dann auch nur geringen –

Frost. Die Nuccios selber können deshalb über die Winterhärte ihrer Züchtungen aus eigener Erfahrung überhaupt nichts aussagen.

Dabei ist schon der Begriff „Winterhärte" keineswegs eindeutig. Zu groß ist neben der Sortenwahl die **Zahl der Faktoren**, von denen die Winterhärte abhängt, als dass man einfach „geeignet" oder „ungeeignet" sagen könnte.

Die gleiche Sorte, die an einem Standort nur geringe Winterhärte zeigt, kann sich an einem anderen Standort als erheblich winterhärter erweisen und umgekehrt. Ein berühmtes Beispiel dafür ist der Unterschied zwischen Cornwall/Großbritannien und Neuseeland. In Neuseeland erwiesen sich Sorten als vergleichsweise winterhart, die es in Cornwall nicht sind, obwohl die Winter in Cornwall weniger streng sind als die in Neuseeland. Die Erklärung für diese scheinbar paradoxe Situation: In Neuseeland sind **Sommer und Herbst stärker ausgeprägt** als in Cornwall, so dass dort die Jungtriebe besser zum Ausreifen kommen als in Cornwall und deshalb im Winter niedrigere Temperaturen vertragen.

Ein wichtiger Faktor für die Winterhärte ist der jeweilige **Standort**. Es ist klar, dass das Problem der Winterhärte an einem klimabegünstigten Standort, wie wir ihn in Frankfurt genießen, weniger gravierend ist als an einem ungünstigeren Standort. Einen gewissen Anhaltspunkt für Ihren Standort gibt Ihnen die Klimazonenkarte (siehe Seite 25).

Die Toleranz der Pflanze gegenüber tiefen Temperaturen hängt außerdem vom **Tempo der Temperaturänderungen** ab. Langsames Absinken beziehungsweise Ansteigen der Temperatur wird leichter verkraftet als ein plötzlicher Temperatursturz oder zu schnelles Auftauen nach der Frostperiode. Deshalb ist auch davon abzuraten, zuvor dem Frost ausgesetzte Pflanzen durch Gießen mit lauwarmem Wasser künstlich aufzutauen oder schnell ins warme Zimmer zu holen.

'Masayoshi' (Syn. 'Donckelaeri') bei Peter Fischer (Beschreibung siehe S. 109)

Sehr wichtig für die Winterhärte einer Pflanze ist auch ihr **Allgemeinzustand** bei Winterbeginn. Ist das neue Holz nach einem schönen Sommer und Herbst gut ausgereift, kann die Pflanze mehr Frost vertragen, als wenn sie nach einem durchwachsenen Sommer noch im Herbst ausgetrieben

Ein seltenes Foto: eine blühende Kamelie im Schnee, im Schaugarten von Peter Fischer

hat. Solche Triebe sind natürlich extrem frostgefährdet und sollten deshalb besser entfernt werden.

Nicht zuletzt hat man es als Gärtner selbst in der Hand, die Winterhärte seiner Kamelien positiv (oder auch negativ) zu beeinflussen. Zu **viel Dünger oder Düngen nach Beginn der Ruhephase** (also nach Abschluss der Wachstumsphase) veranlassen die Pflanze, mehr oder später als natürlicherweise auszutreiben. Das verzögert oder verhindert das Ausreifen des Neuaustriebs und macht die Pflanze anfällig für Winterschäden. Auch eine Pflanze, die im Sommer Trockenschäden erlitten hat, geht schlecht vorbereitet in den Winter.

Schließlich spielt der **Winterschutz** eine entscheidende Rolle (siehe Seite 43ff.). Ob eine Sorte am jeweiligen Standort winterhart ist, hängt also längst nicht nur von der Sorte ab. Letztlich kann man es immer nur selber ausprobieren, was natürlich mit einem Risiko verknüpft ist. Nur muss man die Kameliengärtner verstehen, die lieber behaupten, es gäbe keine winterharten Kamelien, als dass sie für Pflanzen, die möglicherweise aus einem ganz anderen Grund als der mangelnden Winterhärte eingegangen sind, Ersatz leisten müssen.

Was heißt eigentlich „Eine Kamelie ist winterhart"?

Es gibt **verschiedene Formen der Winterhärte**, je nachdem, ob die Blüte, das Laub, die Knospe, die oberirdischen Triebe oder die ganze Pflanze gemeint ist.

Im eigentlichen Sinne winterhart ist *keine* Kamelie. Das kann man nicht oft genug betonen. Wer eine Pflanze sucht, die wie eine Birke jedes Jahr auf's Neue austreibt, egal wie kalt und lang der Winter war, der sollte von Kamelien die Finger lassen; er würde nur enttäuscht. In diesem Sinne winterhart sind nur wenige unserer Ziergehölze, beispielsweise der Flieder. So mussten wir im strengen Winter 1996/97 überrascht feststellen, dass selbst ein scheinbar robustes Gewächs wie der Feuerdorn sichtbare Frostschäden erlitt – mehr als unsere Kamelien! Von vielen Rosen ganz zu schweigen.

Bei einem Ziergehölz ist es problematisch, wenn die **Blüten** bei Frost leiden. Das ist bei Kamelien ohne Zweifel der Fall. Das gilt aber auch für viele andere Ziergehölze, insbesondere für Magnolien und Rhododendren, aber auch für die Obstbäume und deren Zierformen. Bei all diesen reicht eine einzige Nacht mit Spätfrost aus, um die ganze Blütenfülle in ein hässliches Braun zu verwandeln, und das war es dann für dieses Jahr. Wenn man Pech hat, passiert das Gleiche im nächsten Jahr wieder. Aber die Pflanze gilt als winterhart, weil sie selbst den Frost durchaus verträgt.

Während in diesen Fällen aber der **gesamte Blütenflor** geschädigt wird, ist in einer vergleichbaren Situation bei einer Kamelie immer nur ein **kleiner Teil des Blütenflors** betroffen, nämlich die gerade geöffneten Blüten oder die sich gerade öffnenden Blütenknospen. Die noch nicht entwickelten Knospen bleiben bei nicht allzu strengem Frost unbeschädigt und entfalten sich nach der Frostperiode noch zu schönen Blüten. So haben wir bei der früh blühenden 'Nobilissima' beobachtet, dass sie bereits während einer milden Periode über Weihnachten zu blühen anfing und auch den ebenfalls milden Januar über durchblühte. Dann folgte ein frostiger Februar, bei dem alle geöffneten Blütenknospen erfroren. Im März und April stand der Strauch dann wieder in Blüte. Von welchem anderen Ziergehölz kann man solches berichten?

Dabei wird gerade bei **früh blühenden Kamelien** vom Auspflanzen ins Freiland meist abgeraten, weil in der Regel die ersten Blüten dem Frost zum Opfer fallen. Man muss sich entscheiden, was man will. Wer erfrorene Blüten nicht mit ansehen kann oder will, sollte solche Sorten meiden. Wer aber einen im Januar blühenden Kamelienstrauch im Garten faszinierend findet, der wird eine solche Sorte durchaus als winterhart bezeichnen, und keineswegs erwarten, dass die Pflanze jedes Jahr zu Weihnachten zum Blühen kommt. Aber *wenn* es dazu kommt, wird man durch ein wunderschönes Erlebnis belohnt.

Ähnlich verhält es sich mit den Sorten von *C. sasanqua*, den **herbstblühenden Kamelien**. Ihre Blütezeit ist im Spätherbst bis Frühwinter, so dass die Blüten oft vom ersten Frost dahingerafft werden. Die „Sasanquas" gelten deshalb gemeinhin als nicht winterhart. Dabei sind sie als Pflanze keineswegs weniger winterhart als die Sorten von *C. japonica* („Japonicas"), eher das Gegenteil ist der Fall. Wenn aber jedes Jahr die Blüten kurz nach ihrer Entfaltung dem Frost zum Opfer fallen, bleibt nicht viel mehr als eine Grünpflanze. Das kann man mit einem Kirschlorbeer einfacher und billiger haben, denken die meisten. Wer so denkt, hat noch keine blühende „Sasanqua" an einem trüben Novembertag gesehen: Wenn rundherum alles trist und am Vergehen ist, erscheint die Kamelie wie ein Phoenix aus der Asche und hält so den Glauben an das nächste Frühjahr wach. Es ist ein gewaltiger Unterschied, ob im November oder gar Dezember „noch" eine Rose blüht (selten genug und durchaus ein Erlebnis), oder ob sich zur gleichen Zeit die erste Kamelienblüte öffnet und den Beginn der neuen Kameliensaison verkündet.

Tipp:
Wählen Sie bei den Sorten von *C. sasanqua* sehr früh blühende Sorten, bei denen sich die Blüten schon ab September öffnen können. So haben Sie schon Freude an den Blüten, bevor der erste Frost kommt.

Obwohl manche Sorten von *C. japonica* zwar richtige Überlebenskünstler sind, erfüllen die Blüten aber selten oder nie unsere Erwartungen. Entweder sind ihnen unsere Sommer zu kalt und zu kurz für die Knospenentwicklung, oder die Temperaturen sind während der Blütezeit zu niedrig, um schöne Blüten hervorzubringen. Wiederholt sich das Jahr für Jahr mit der selben Sorte, sollten Sie ihr einen geschützteren, wärmeren Standort geben, oder – wenn das auch nicht hilft – an diesem Standort mit einer anderen Sorte einen neuen Versuch starten.

Was sagt mir die Angabe „winterhart bis –10 °C" auf dem Etikett?

Die im Handel, insbesondere in Gartencentern angebotenen Kamelien sind zunehmend mit Etiketten versehen, die unter anderem die Angabe „winterhart bis etwa –10 °C" (oder eine niedrigere oder höhere Zahl von Minusgraden) enthalten.

Diese Angabe wird häufig missverstanden. Sie besagt *nicht*, dass man das Töpfchen mit der oftmals kleinen, blühenden Pflanze Frösten bis zur angegebenen Minustemperatur aussetzen kann. Zum einen würden die eben noch traumhaften Blüten und halbgeöffneten Blütenknospen unweigerlich erfrieren und braun werden, zum anderen würde der ganze Wurzelballen in dem kleinen Topf durchfrieren; die Pflanze würde vertrocknen, so dass sie auch die noch nicht erfrorenen Blätter und die ungeöffneten Blütenknospen abwirft.

Folgendes ist mit der Angabe auf dem Etikett gemeint: Eine Pflanze dieser Sorte kann – wenn sie ein gewisses **Mindestalter** erreicht hat (also mindestens vier Jahre alt ist), wenn sie **im Garten ausgepflanzt** und gut eingewachsen ist, am **richtigen Standort**

'Jewel Box' kann in diesem kleinen Topf natürlich nicht so winterhart sein wie ausgepflanzt (Beschreibung siehe S. 93)

und bei **fachgerechter Pflege** – Frost bis zur angegebenen Höhe aushalten.

Fazit:
Die Angabe der Winterhärte bezieht sich also nur auf ausgepflanzte Exemplare, nicht auf Kamelien in Töpfen.

Außerdem spielen viele andere Faktoren eine Rolle, beispielsweise der Boden oder der Winterschutz. Insbesondere **zu hohe oder zu späte Düngegaben** können die Winterhärte erheblich reduzieren. Aber auch sonstige Pflegefehler, wie gelegentliches **Austrocknen des Wurzelballens, Staunässe** oder **zu tiefes Pflanzen** können die Pflanze schwächen, so dass sie schon bei weniger tiefen Temperaturen Schäden zeigt. Auch der **Zeitpunkt**, zu dem die Pflanze dem Frost ausgesetzt wird, spielt eine Rolle: –10 °C im tiefen Winter, beispielsweise im Januar, sind weniger problematisch als im März, wenn sich die Pflanze bereits auf den kommenden Sommer vorbereitet hat.

Warum ist bei Kamelien nie eine Wuchshöhe angegeben?

Bei den Sortenbeschreibungen ist zwar die Wuchsform der Kamelie angegeben, beispielsweise aufrecht oder locker, aber nicht die endgültige Höhe. Das finden Sie auch nicht in den Katalogen der Kameliengärtnereien. Sind Autoren oder Kameliengärtner zu bequem oder wissen sie es nicht?

Kamelien sind unseres Wissens die einzigen Pflanzen, die **keine Wachstumsgrenze** haben. Selbst hundertjährige Kamelien wachsen immer noch weiter. Wir werden also nie die endgültige Höhe unserer kleinen, selbstgepflanzten Kamelien erleben!

Es gibt **schwach- und stärkerwüchsige Sorten**, im Durchschnitt beträgt der jährliche Zuwachs in unseren Breiten etwa 10 cm. Die für den jeweiligen Standort optimale Höhe bestimmen wir durch Schnitt selbst (siehe Seite 42f.).

Fazit:
Bei der Wuchshöhe ist nach oben von Natur aus keine Grenze gesetzt, nach unten setzen wir sie.

Wann ist der günstigste Zeitpunkt, eine Kamelie zu kaufen?

Als immergrüne Pflanze können Sie Kamelien grundsätzlich zu **jeder Jahreszeit** kaufen. Man kann sie im Container lassen, bis die richtige Pflanzzeit gekommen ist.

Allerdings macht es am meisten Spaß, Kamelien in Blüte zu kaufen. Dann kann man auch sicher sein, dass Blütenfarbe und -form genau den eigenen Vorstellungen entsprechen. Denn bei aller Sorgfalt der Kameliengärtner kann nicht ausgeschlossen werden, dass mal ein Etikett vertauscht wird. Beim Kauf außerhalb der Blütezeit ist dieses Risiko viel größer und die Enttäuschung entsprechend groß, wenn sich später der Irrtum herausstellt. Das gilt natürlich nicht nur für Kamelien, aber bei vielen anderen Pflanzen, etwa bei Blumenzwiebeln oder bei wurzelnackten Rosen, hat man diese Möglichkeit nicht.

Was mache ich mit der Kamelie, die ich gerade gekauft oder geschenkt bekommen habe?

Das hängt von vielen Faktoren ab, insbesondere von der Jahreszeit und von der Größe der Pflanze.

Die Wahrscheinlichkeit ist groß, dass es **Winter oder Spätwinter** ist, wenn Sie die Pflanze in Händen halten. Kamelien werden besonders gern gekauft oder verschenkt, wenn sie in Blüte stehen, und das ist in der Regel in den Monaten Januar bis März der Fall. In dieser Zeit finden die großen Kamelienausstellungen und -verkaufsveranstaltungen statt. Es ist eine Zeit, in der es draußen entweder noch kalt ist oder nochmals kalt werden kann.

'Inspiration' hat schon das Vordach erreicht (Beschreibung siehe S. 102)

Der richtige Zeitpunkt zum Auspflanzen:
Unabhängig davon, um welche Sorte es sich handelt: Im Winter oder Spätwinter sollten Sie die Pflanze keinesfalls nach draußen pflanzen. Warten Sie damit, bis die Pflanze verblüht ist und sie Anzeichen macht, auszutreiben. Mit großer Wahrscheinlichkeit ist es bis dahin April oder Mai. Das ist dann die richtige Zeit zum Auspflanzen.

Aber was mache ich bis dahin?

Das hängt von Ihren Möglichkeiten und von der Witterung ab. Wer ein **Gewächshaus** oder einen **kühlen Wintergarten** hat (einen, der diesen Namen verdient, nicht ein grünes Wohnzimmer), kann die blühende Pflanze dort aufstellen, bis die richtige Zeit zum Auspflanzen in den Garten gekommen ist.

Wer das nicht hat, und das wird wohl für die Meisten zutreffen, braucht dennoch nicht zu verzweifeln. Es gibt eine einfache Regel: So lange draußen kein Frost herrscht, ist die Pflanze draußen besser aufgehoben als drinnen. Gerade das feuchte, nasskalte Wetter im Spätwinter und Vorfrühling bekommt den Kamelien bestens. Stellen Sie den Topf also am Besten an eine geschützte Stelle auf die Terrasse oder den Balkon – **keinesfalls ins Wohnzimmer**, auch wenn es noch so verlockend ist, die Blütenpracht ständig vor Augen zu haben.

Man muss nur bei nahendem Frost aufpassen: Sobald Frost angesagt ist, muss die Pflanze ins Haus geholt werden, egal wie winterhart die Sorte sein soll. Auch ein nur geringer Frost von –1 °C oder –2 °C würde die Blüten erfrieren und braun werden lassen und mit der Blütenpracht wäre es auf einen Schlag vorbei. Auch wenn die Pflanze selbst dadurch keinen größeren Schaden erlitten hat, die Enttäuschung wäre dennoch groß.

Sie brauchen deshalb unbedingt einen Platz im Haus, an dem die Pflanze untergebracht werden kann, bis der Frost vorbei ist. Das sollte ein **heller, kühler, frostfreier Raum** mit möglichst **hoher Luftfeuchte** sein, der sich gut lüften lassen sollte. Wenn es sich nur um ein paar Tage mit Nachtfrost handelt, kann man die Pflanze abends hereinholen und morgens wieder ins Freie stellen. Für so kurze Zeit sind die Anforderungen an den Standort nicht allzu hoch: Es darf durchaus auch das kühle Schlafzimmer sein, besser ist ein kühles Treppenhaus oder eine Waschküche.

Schwieriger wird es, wenn die Frostperiode länger andauert, eventuell sogar mit Frost während des Tages.

Für ausreichende Helligkeit kann man mit einer **Pflanzleuchte** nachhelfen. Am schwierigsten ist es mit der Luftfeuchte, da Besprühen zu wenig bringt. Unserer Erfahrung nach ist am besten: lüften, lüften, lüften. Nur: Bei auch tagsüber andauerndem Frost wird das heikel. Dann bleibt nur, **mehrmals kurz zu lüften**, da der Frost selbst keinesfalls in den Raum eindringen darf. Es bleibt eine „Zitterpartie", aber erfreulicherweise sind solch kritische Situationen die Ausnahme.

Das ständige Hin- und Herstellen der Pflanze (Hereinholen bei Frost, wieder ins Freie stellen nach dem Frost) macht der Kamelie überhaupt nichts aus. Die Annahme, dass sie dadurch die Blütenknospen abwerfe, ist falsch. Wenn sie es tut, hat das andere Gründe.

Problematisch ist nur, dass man selbst daran denken und auch da sein muss, oder dass eine zuverlässige Person in der Nähe sein sollte, die man damit beauftragen kann. Keinesfalls funktioniert es, während einiger Wochen Abwesenheit die Pflanze entweder zu lange drinnen oder bei Frost draußen stehen zu lassen. „Vergessen" kann schlimme Folgen haben.

Praxistipp:
Montieren Sie zur Kontrolle der Außentemperatur ein Thermometer in Sichtweite und an der sonnenabgewandten Seite des Hauses; verfolgen Sie zusätzlich an kritischen Tagen die Wettervorhersage.

Später im Jahr kann man eine frisch erworbene Kamelie eigentlich jederzeit gleich ins Freie auspflanzen, allerdings ist auch dabei Einiges zu beachten: Ungünstig ist die **Zeit des Neuaustriebs** (meist Mai/Juni), da die jungen Triebe beim Umpflanzen leiden könnten; sie werden schnell schlapp. Man muss also sehr darauf achten, dass die Pflanze durch das Umpflanzen nicht zu sehr austrocknet. **Kurz**

Das junge Laub ist besonders empfindlich gegen Trockenheit

vor oder während längerer Hitzeperioden ist das Auspflanzen ebenfalls problematisch, da es dann besonders schwierig wird, den Wurzelballen nicht austrocknen zu lassen. Und je später im Jahr, um so größer die Gefahr, dass die Pflanze bis zum **Wintereinbruch** nicht mehr genügend Zeit hat, sich an ihrem neuen Platz im Garten einzurichten. Das hängt natürlich stark vom jeweiligen Standort ab. Wo bereits im Oktober regelmäßig die ersten Nachtfröste zu erwarten sind, sollte man von einem Auspflanzen im Herbst Abstand nehmen.

Neben der Jahreszeit ist die **Größe der Pflanze** ein entscheidender Faktor. Größere Pflanzen umzupflanzen ist weniger problematisch als zu kleine. Wegen der starken Nachfrage kommt es zunehmend vor, dass noch viel zu kleine Pflanzen in den Verkauf kommen. Seriöse Anbieter werden Ihnen nur Pflanzen für die Freilandkultur verkaufen, die mindestens vier Jahre alt sind. Kleinere Pflanzen in den Garten zu setzen kann gut gehen (wir haben es durchaus erfolgreich gemacht), ist aber ein Risiko.

Wann pflanze ich meine Kamelie?

Als immergrüne Pflanzen werden Kamelien in aller Regel im **Container** geliefert (ausgenommen die von Nuccio in Kalifornien bezogenen Pflanzen; diese werden wurzelnackt geliefert). Das Umpflanzen stört den Wurzelballen nur wenig, so dass grundsätzlich jederzeit gepflanzt werden könnte.

Es gibt jedoch drei Faktoren zu beachten:
- den unterschiedlichen Wasserbedarf der Pflanze während des Jahres,
- den Witterungsverlauf,
- die Größe der Pflanze.

Der Wasserbedarf der Kamelie ist in einer relativ kurzen Phase der langen Ruhezeit am niedrigsten. Diese Phase beginnt mit dem Abschluss der Knospenbildung im Spätsommer und endet mit dem Beginn der Knospenschwellung im Winter. Von daher bietet sich das **Anpflanzen im Herbst** an, so lange die Erde noch warm ist. Das setzt allerdings einen sehr günstigen Standort und einen anschließenden milden Winter voraus. Da niemand voraussagen kann, ob der folgende Winter mild sein wird, ist mit der Pflanzung im Herbst ein gewisses Risiko verbunden.

Eine weitere günstige Pflanzzeit besteht nach dem Ende der Blütezeit bis zum Beginn des Neuaustriebs. Diese Phase ist allerdings nur sehr kurz, oft fängt der Neuaustrieb schon an, während noch vereinzelte Knospen ungeöffnet sind. Je nach Sorte ist das etwa März bis Mai, wenn der Boden noch kalt, ja noch gefroren sein kann oder im Mai, wenn schon die erste Hitzewelle drohen kann. Der **April** wird deshalb meist als der günstigste Zeitpunkt für das Pflanzen angegeben.

Kleinere Pflanzen mit entsprechend kleinem Wurzelballen sollten im Frühling gepflanzt werden. Bei größeren Pflanzen ist es ganz wichtig, dass sie während des Sommers zuverlässig und gut gewässert werden.

Tipp:
Wohnen Sie in einer klimatisch weniger begünstigten Gegend, sollten Sie Kamelien erst dann auspflanzen, wenn sie einen 25-cm-Topf mit ihren Wurzeln ausfüllen. Es kommt dann nur eine Frühjahrspflanzung in Frage, damit die Kamelien die Chance haben, sich vor dem nächsten Frost zu etablieren.

Ein gewisses Risiko ist jedoch mit dem Pflanzen immer verbunden. Hier muss jeder seine persönliche Entscheidung treffen. Wir haben beides ausprobiert und können erfreut feststellen, dass wir noch keine einzige Pflanze wegen ungünstiger Wahl des Pflanzzeitpunktes verloren haben.

Braucht eine Kamelie einen bestimmten Topf?

Wenn man eine Kamelie kauft, steht sie mit großer Wahrscheinlichkeit in einem praktischen, aber nicht unbedingt ästhetischen Plastiktopf. Gleichgültig, ob sie nur bis zum richtigen Pflanzzeitpunkt „zwischengelagert" werden soll, oder ob sie dauerhaft einen Platz auf Balkon oder Terrasse erhalten soll, stellt sich sofort die Frage: Kann ich die Kamelie umtopfen, muss ich sie eventuell sogar umtopfen und welcher Topf sollte es dann sein?

Können? Auf jeden Fall.

Müssen? Nicht unbedingt, in der Regel eher nein, zumindest nicht in den ersten ein bis zwei Jahren. Es ist mehr eine Frage des Geschmacks (und des Geldbeutels), ob man seine Kamelie – also eine sehr edle Pflanze – in einem unscheinbaren Plastiktopf stehen lassen möchte.

Die Frage konzentriert sich deshalb mehr auf Material, Größe und Form des Topfes.

Zu einer edlen Pflanze gehört nach unserer Ansicht ein edles Material, zum Beispiel **Terrakotta**. Aber auch chinesische Pflanzgefäße passen hervorragend. Zu bedenken ist sicherlich, dass solche Töpfe nicht nur teuer, sondern auch erheblich schwerer sind als Plastiktöpfe, und wir die Kamelie im Zweifel öfters hin- und herstellen wollen. Wir haben uns dennoch ausschließlich für Terrakotta entschieden. Kleine Töpfe in diesem Material sind trotzdem noch zu bewältigen, und die ganz großen bleiben einfach stehen. Da gehen wir das Risiko einfach ein. Im Zweifel ist die Kamelie winterhärter (einen guten Winterschutz vorausgesetzt) als ein billiger Topf.

Bei der Größe des Topfes ist Zurückhaltung zu empfehlen. **„Eine Nummer größer"** ist in Ordnung. Wird der Topf zu groß gewählt, richtet sich die Kamelie erst einmal darin ein. Sie bildet neue Würzelchen, so lange, bis diese wieder Kontakt zur Wand des Pflanzgefäßes spüren, und die größere Wurzel kann eine größere Pflanze versorgen, also wächst auch die Pflanze erst einmal. Das Blühen kommt dann erst zum Schluss. Sofern Sie nicht unbedingt eine schöne Grünpflanze haben wollen, sollten Sie mit der Topfgröße vorsichtig sein. Man braucht sich nur die Kamelien in den alten Sammlungen (in der Wilhelma in Stuttgart oder im Palmengarten in Frankfurt) anzusehen, wo in relativ kleinen Töpfen große, uralte Pflanzen stehen – und blühen. Erst wenn der Wurzelballen den Topf so ziemlich ausfüllt, wird es höchste Zeit zum Umtopfen, und dann auch wieder: „Eine Nummer größer".

Der richtige Zeitpunkt zum Umtopfen
Sie erkennen einen stark durchwurzelten Topf daran, dass das Gießwasser einfach durchläuft, weil keine Erde mehr da ist, die es aufnehmen könnte.

Die **Form des Topfes** ist an sich weniger wichtig. Standfest sollte er sein, damit die Pflanze nicht gleich von jedem Wind umgeworfen wird. Denn abgesehen davon, dass damit Schmutz und Arbeit verbunden sind, es tut auch der Pflanze nicht gut, wenn sie umfällt: die Ruhe des Wurzelballens wird gestört und Pflanzenteile können abknicken. Ein Topf, der unten möglichst so breit ist wie oben, ist deshalb am besten geeignet. Spezielle Rosentöpfe, die eher hoch sind als breit, eignen sich weniger.

Wichtig ist, dass der Topf einen **Wasserabfluss** hat, damit keine Staunässe entstehen kann. Und achten Sie

'Jewel Box': eine kleine Kostbarkeit in einem edlen Terrakottatopf (Beschreibung siehe S. 93)

beim Umtopfen auf die **richtige Pflanzhöhe**: die obersten feinen Würzelchen möchten Luft atmen. Werden sie mit Erde zugedeckt, erstickt die Pflanze. Viele Kamelien sind beim Kauf viel zu tief gepflanzt. Was für Rosen gut sein mag, kann für Kamelien tödlich sein.

Was muss ich beim Pflanzen meiner Kamelie beachten?

Kamelien kauft man in der Regel im Container. Bis zur Pflanzung sollten sie

frostfrei, kühl und geschützt stehen. Ist der richtige Zeitpunkt für das Pflanzen gekommen (siehe Seite 37f.), wird die Kamelie vorsichtig aus dem Topf genommen (nicht gezogen!) und der Wurzelballen gelockert.

Zu tiefes Pflanzen ist die häufigste Ursache, wenn eine Kamelie sich im ersten Jahr nach der Pflanzung wieder verabschiedet. Ist der unterste Teil des Stamms mit Erde bedeckt und deshalb ständig zu nass, verfault er leicht und ist dann nicht in der Lage, Nährstoffe weiterzuleiten. Außerdem sollten generell die obersten Würzelchen Luft bekommen. Werden sie mit Erde zugedeckt, kann die Pflanze ersticken.

Was für einen Boden braucht meine Kamelie?

Kamelien stammen aus Ostasien. Sie kommen dort in bewaldeten Höhenlagen von Küstenregionen vor. Im gut durchlässigen und nährstoffreichen, leicht sauren Boden, begünstigt durch herabfallendes Laub größerer Bäume, finden die Kamelien alles Nötige.

Der Boden sollte also locker, gut durchlässig, nährstoffreich, leicht sauer (pH-Wert 5,5 bis 6,8) und angereichert mit Laub oder Torf sein.

Ein **sandiger Lehmboden** ist ideal. Ein schwerer Lehmboden ist zwar reicher an Nährstoffen und speichert die Feuchtigkeit länger, ist also zuverlässiger in Zeiten der Trockenheit; aber er ist auch kälter und im Frühling oder nach Trockenperioden schwerer zu bearbeiten. Ein sandiger Boden ist wärmer, aber weniger nahrhaft und trocknet schnell aus; er benötigt mehr Dünger und Wasser. Bei einem schweren Boden benötigt man mehr Zeit für die Bodenbearbeitung, bei einem sandigen Boden mehr Zeit für das Gießen. Keines der beiden Extreme ist für Kamelien geeignet. Eine gesunde Mischung aus beiden ist ideal.

'Donation' an einem idealen Standort unter hohen Bäumen (Beschreibung siehe S. 100)

Wer nicht das Glück hat, einen idealen Boden zu besitzen, muss ihn sich schaffen. Durch Einarbeiten von Rhododendronerde, Sand beziehungsweise Lehm und Laub oder Torf.

Wann und wie oft muss ich gießen?

Die Frage lässt sich nicht mit „täglich" oder „einmal pro Woche" beantworten.

Wichtig ist das Gießen in erster Linie in der **Wachstumszeit** (April bis Juli), da das Wasser auch die benötigten Nährstoffe transportiert.

Aber auch vom **Hochsommer bis zum Frühherbst** braucht die Kamelie regelmäßig Wasser. In dieser Zeit werden die Blütenknospen für das nächste Jahr gebildet. Eine Unterbrechung der Wasserversorgung hätte zur Folge, dass die Knospen und deren Ansätze zu schwach ausgebildet werden – eine häufige Ursache für ein „unerklärliches" Abfallen der Blütenknospen.

Im **Winter und Vorfrühling** braucht die Kamelie weniger Wasser, aber austrocknen darf der Wurzelballen nie. Hier sind einfach ein bisschen Fingerspitzengefühl und gesunder Menschenverstand gefragt. Pflanzen, die im Regenschatten und/oder in Töpfen stehen – oftmals trifft sogar beides gleichzeitig zu – müssen öfter kontrolliert und mit Wasser versorgt werden.

Ideal ist natürlich **Regenwasser**, da es chlorfrei und leicht sauer ist. Das Auffangen lohnt sich, reicht aber meist nicht aus. Der Handel hält verschiedene Produkte zur Wasserenthärtung bereit.

Praxistipp:
Zur Wasserenthärtung verwenden wir Torfquelltöpfchen („Jiffy Pots"), die wir in Gießkannen legen. Nach zwölf Stunden ist das Wasser weicher und „gießfertig".

Wann, womit und wie viel muss ich düngen?

Gedüngt werden Kamelien nur in den Monaten ihres Wachstums, also von **April bis Juli**.

Viele **Dünger auf saurer Basis** sind im Handel erhältlich: spezielle Kameliendünger und Rhododendren- oder Moorbeetdünger. Ob Sie sich für einen Flüssigdünger oder für einen in fester Form entscheiden, ist „Geschmacksache". Auf jeden Fall sollten Sie immer nur die **Hälfte der angegebenen Menge** nehmen. Die meisten Kamelien sterben an Überdüngung, häufiger als an allen anderen Ursachen zusammen.

An den glänzenden Blättern von 'Alba Simplex' perlt die Flüssigkeit ab (Beschreibung siehe S. 92)

Ob Kamelien Nährstoffe auch über die Blätter aufnehmen, ist noch nicht bewiesen. Dennoch ist eine Blattdüngung zu empfehlen, denn an den festen, glänzenden Blättern perlt die Flüssigkeit ab und fließt in den Boden, was sehr wirkungsvoll ist.

Wann schneide ich meine Kamelien am besten?

Diese Frage ist schon falsch gestellt. Sie geht wie selbstverständlich davon aus, dass Kamelien regelmäßig geschnitten werden müssen. Das trifft zwar für Rosen zu, aber **nicht** für Kamelien. Viele Misserfolge mit Kamelien beruhen auf dem Irrglauben, dass Schnitt- und Pflegemaßnahmen für Rosen auf Kamelien übertragbar sind.

Kamelien sind **immergrüne Pflanzen**, die langsam wachsen, viel langsamer als Rosen. Sie haben eine sehr **lange Ruhezeit**, die etwa von Juli bis April dauert, die Wachstumsphase ist also extrem kurz. Sie beginnt nach der Blüte, also etwa Ende April, und dauert nur bis Juni/Juli. Außerdem werden Kamelien viel **weniger gedüngt** als Rosen. Der fatale Rhythmus „düngen – schneiden – düngen – schneiden", der viele Rosen so unter Stress setzt, bleibt den Ruhe liebenden Kamelien

Wichtiges zum Schnitt
Schneiden Sie so wenig wie möglich. Am schönsten entwickelt sich ein Kamelienstrauch, wenn man ihn sich selbst überlässt. Nur wenn er für seinen Standort zu groß zu werden droht, sollten Sie rechtzeitig einen behutsamen Formschnitt durchführen. Warten Sie nicht zu lange, da Sie ansonsten das alte Holz rigoros entfernen müssen – das schwächt die Pflanze und sieht unschön aus.

erspart. Keinesfalls sind die Regeln für öfter blühende Rosen anwendbar, die nur richtig blühen, wenn geschnitten wird. Das Gegenteil ist der Fall: Schneiden heißt meist Verzicht auf Blüten.

Das Schöne ist, dass man Kamelien schneiden *kann*, wenn man unbedingt will oder muss. Deswegen eignen sie sich auch so gut als Hecke oder gar als Spalier. Als immergrüne Pflanzen kann man sie eigentlich jederzeit schneiden, der beste Zeitpunkt ist allerdings **unmittelbar nach der Blütezeit** vor Beginn der Wachstumsperiode. Der ungünstigste Schnittzeitpunkt ist während der Wachstumsperiode, die ja aber nur recht kurz ist. Wird ein Rückschnitt außerhalb der günstigsten Zeit erforderlich, ist das auch kein Drama. So mussten in Großbritannien nach dem verheerenden Sturm im Oktober 1987 viele Kamelien teilweise bis auf den Boden zurück geschnitten werden, da sie von umstürzenden Bäumen schwer beschädigt worden waren. Es war erstaunlich und sehr beruhigend zu beobachten, wie schnell sich die Sträucher wieder neu aufgebaut haben.

Für das Schneiden sollte man eine **gute Schere** verwenden, die einen glatten Schnitt erzeugt, damit sich keine Eintrittsstelle für Krankheitserreger bildet. Eine gute Rosenschere tut auch hier ihre Dienste. Und sauber sollte die Schere sein, damit nicht Krankheitserreger von einer befallenen Pflanze beim Schnitt auf eine gesunde Pflanze übertragen werden. Aber das sind Regeln, die nicht nur für Kamelien gelten.

Wie bringe ich meine Kamelien im Garten am besten durch den Winter?

Das ist *die* entscheidende Frage bei der Freilandkultur von Kamelien, auf die es keine einfache Antwort gibt.

Zunächst ist wichtig, dass die Pflanze sich zu Beginn des Winters in **gutem Allgemeinzustand** befindet. Darauf haben Sie selbst eine Menge Einfluss. Hat die Pflanze im Sommer keine Trockenschäden erlitten, hat man frühzeitig aufgehört zu düngen, so dass der Neuaustrieb gut ausreifen konnte und sieht das Laub schön frisch und glänzend aus, dann sind gute Voraussetzungen für eine erfolgreiche Überwinterung gegeben.

Merke:
Je mehr Feuchtigkeit die Kamelien im Spätherbst aufnehmen können, desto besser werden sie durch den Winter kommen. Eine Regel, die übrigens für alle immer- und wintergrünen Pflanzen gilt.

Fichtenzweige werden locker um die Kamelie gestellt

So sieht der ideale Winterschutz für eine Kamelie aus

Beim Laub kann man notfalls noch nachhelfen, indem man eventuellen Schmutz mit einem feuchten Tuch abwäscht. Der Lichteinfall im Winter ist ohnehin erheblich geringer – allein schon durch die kürzeren Tage – da kommt es sehr darauf an, dass das Laub seine Funktion gut erfüllen kann. Außerdem sieht die Pflanze mit glänzendem Laub auch viel hübscher aus, und ihr ganzer Zweck ist doch, eine Zierpflanze zu sein.

Rechtzeitig vor dem ersten Frost deckt man die Wurzelscheibe mit einer lockeren **Mulchschicht** ab, beispielsweise mit schönem, trockenem Laub. Verwenden Sie bitte kein Rosenlaub, da es oft Träger von Sporen von Krankheitserregern ist. Rindenmulch ist ebenfalls ungeeignet, weil dieser oft stark Boden ansäuernde Stoffe abgibt. Keinesfalls sollten Sie die Wurzelscheibe wie bei den Rosen mit Erde anhäufeln, denn durch die Erde würden die feinen, oberflächennahen Würzelchen der Kamelie außer Funktion gesetzt. Damit das Laub nicht vom Wind weggefegt wird, empfiehlt es sich, es mit Fichtenzweigen abzudecken und zu beschweren. An einem klimabegünstigten Standort reicht das für eine gut eingewachsene

Pflanze in einem normalen Winter als Winterschutz aus.

In den ersten Jahren der Pflanze im Freiland sollte man zusätzlich ein kleines **Zelt aus Fichtenzweigen** errichten. Stecken Sie dazu einfach größere Fichtenzweige rund um die Pflanze in den Boden und binden Sie sie oben zusammen. Das sollte so spät im Jahr wie möglich geschehen, nur eben rechtzeitig vor starkem Frost.

Von der Praxis, dieses „Zelt" innen mit Laub auszufüllen, möchten wir eher abraten. Es wird dann zwar kuschelig warm innen, aber nicht nur für die Kamelie, sondern auch für alle möglichen Krankheits- und Fäulniserreger, und wenn Sie die Kamelie nach dem Winter auspacken, können Sie vor einem dürren Strauchgerippe ohne Blätter stehen. Man kann eine Kamelie auch zu Tode schützen.

Der Sinn des Winterschutzes besteht insbesondere darin, **größere Temperaturunterschiede** zu verhindern und die Pflanze vor **austrocknendem Wind** und vor **unzeitiger Erwärmung durch Sonneneinstrahlung** zu schützen. Luft und Licht dagegen sollten an die Pflanze schon gelangen können.

Je länger die Pflanze bereits im Freiland ausgepflanzt ist, um so besser. Wurden die ersten Winter heil überstanden, ist das Risiko nicht mehr ganz so groß – es sei denn, es kommt ein besonders strenger Winter.

Was mache ich mit dem Winterschutz, wenn es zwischendurch sehr mild wird?

Diese sehr häufig gestellte Frage lässt sich nicht in einem Satz beantworten. Kamelien brauchen, wie alle anderen immergrünen Pflanzen, auch im Winter Licht und Luft. Es sind keine Stauden, die oberirdisch absterben, um dann zu gegebener Zeit aus unterirdischen Überdauerungsorganen „aufzuerstehen". Kamelien können nicht Monate lang, vielleicht sogar ein halbes Jahr lang, in völliger Dunkelheit verbringen. Dann brauchten Sie sich nicht zu wundern, wenn die Blätter und Knospen abfallen und ein mehr oder weniger kahles Gerippe übrigbleibt.

Ausschlaggebend ist, in **welchem Klimagebiet** Sie wohnen, wie **geschützt** Ihr Garten liegt, in **welchem Monat** es mild wird, um welche **Sorte** es sich handelt, wie **alt** die Pflanze ist und woraus der **Winterschutz** besteht.

Dazu zwei Beispiele:

Gehen wir davon aus, dass Sie in einem **relativ milden Gebiet** wohnen, Ihr Garten ein windgeschütztes Kleinklima hat, es sich um eine erprobt winterharte Sorte handelt, beispielsweise 'Hagoromo', und die Pflanze über fünf Jahre alt ist und bereits mindestens einen Winter an ihrem Platz im Freiland steht. Sie haben den Wurzelbereich mit einer dicken Laubschicht abgedeckt und ein Zelt aus Fichtenzweigen um die Kamelie gesteckt. Nun wird es um die **Weihnachtszeit sehr mild**, mit Temperaturen weit über dem Gefrierpunkt. Es tut der Kamelie sehr gut, wenn Sie sie von ihrem „Umhang" befreien, die Fichtenzweige aber griffbereit liegen lassen, um sie jederzeit schnell wieder parat zu haben. Da nicht anzunehmen ist, dass es so mild bleibt, und es sogar im Januar und Februar noch sehr

'Black Lace' fängt relativ spät an zu blühen (Beschreibung siehe S. 104)

kalt werden kann, wäre es überflüssige Arbeit, den Winterschutz völlig zu entfernen.

Wird es dagegen **Ende Februar/Anfang März sehr mild**, können Sie es ruhig wagen, die Fichtenzweige endgültig zu entfernen; sie werden ohnehin schon Nadeln gelassen haben und ziemlich kahl sein. Dadurch konnte bereits die Kamelie mehr an Licht gelangen und sie bekommt auf keinen Fall einen Schock. Die Laubschicht würden wir noch nicht entfernen, es schadet nicht, wenn der Wurzelbereich noch eine wärmende und schützende Decke hat. Das verbleibende Laub kann später gut in den Boden eingearbeitet werden. Ihre Kamelie wird diese Extraportion Humus zu schätzen wissen.

Aber es gibt auch **weniger klimabegünstigte** Gegenden. Sicherlich waren Sie so vernünftig und haben sich für eine Kameliensorte entschieden, die erstens **winterhart** ist und zweitens **nicht schon früh blüht**, beispielsweise im Februar. Was würde Ihnen die schönste Kamelienblüte unter der Winterabdeckung nutzen, wo Sie sie gar nicht sehen können? Keine Kamelie kann allerdings völlig zugepackt im Dunkeln blühen. Es gibt Sorten, die erst relativ spät anfangen zu blühen, wie 'Black Lace' oder 'Jury's Yellow'. An ihnen würden Sie an Ihrem Standort mehr Freude haben. An milden Tagen lockern Sie die Abdeckung und lassen Ihre Kamelie Licht und Luft genießen. Auch bei Ihnen wird nicht ein halbes Jahr lang Dauerfrost herrschen. **Ab Mitte März** kann auch in ungünstigen Lagen der Winterschutz endgültig entfernt werden. „Ohnmächtige Schauer körnigen Eises" schaden einer winterharten Kamelie genauso wenig wie ein, zwei Tage leichter Frost.

Je dichter der Winterschutz gemacht wurde, um so wichtiger ist es, in frostfreien Perioden zu lüften. Bei einigen locker um die Pflanze gestellten Fichtenzweigen ist das weniger wichtig. Licht, Luft und Luftfeuchtigkeit kommen auch so an die Pflanze heran.

Bei einem Standort, der sehr dem **Wind** ausgesetzt ist – generell kein günstiger Standort für Kamelien – empfehlen wir, den Winterschutz auch bei milden Temperaturen nicht völlig zu entfernen. Er schützt die Pflanze vor eisigen Winden und somit vor dem **Austrocknen** – mindestens genauso wichtig wie der Schutz vor **Frost**.

Die Lufttemperaturen können über dem Gefrierpunkt liegen, der Boden ist aber noch hart gefroren – eine Situation, die in unseren Wintern oft vorkommt. Die Sonne scheint für uns warm und wohltuend, für eine immergrüne Pflanze ist das aber ein Stress ohnegleichen. Die Blätter atmen, verdunsten Feuchtigkeit, aus dem gefrorenen Wurzelballen kann aber kein Wasser aufsteigen – der Kreislauf der Pflanze ist gestört. Sie erfriert nicht, sie vertrocknet. Bei solch einer Wetterlage raten wir, den Winterschutz nicht zu entfernen. Als Frostschutz ist er nicht nötig, aber als **Sonnenschutz**.

Generell brauchen **junge, noch nicht etablierte Pflanzen** länger einen Winterschutz – aber auch sehr große, **frisch gepflanzte Exemplare**. Gerade sie haben Schwierigkeiten, sich an das neue Umfeld zu gewöhnen und brauchen meist einige Jahre, um Fuß zu fassen. Der Winterschutz sollte nicht zu früh entfernt, bei milden Temperaturen aber gelockert werden. Schließlich ist solch ein Prachtexemplar eine Investition, und es wäre besonders schade, wenn es zu einer Fehlinvestition würde – nur, weil ein bisschen Mühe zu viel war.

Fazit:
Gönnen Sie Ihren Kamelien Licht und Luft auch im Winter. Es sind Lebewesen, die atmen, und keine Gegenstände, die man nach monatelanger Vernachlässigung hervorholt, abstaubt und die dann genauso schön wie vorher sind. Kamelien wollen nicht nur gesehen werden, sie möchten auch selbst etwas sehen. Das Motto „Zugebunden bis obenhin, es ist gewiss etwas Schönes drin" trifft nicht auf den Winterschutz bei Kamelien zu.

Was heißt eigentlich, die Kamelie „bei Frost ins Haus holen"?

Eine Kamelie in unserem Klima in einem Topf im Freien zu kultivieren macht in der Regel nur Sinn, wenn man die Möglichkeit hat, sie bei Frost im Haus an einem geeigneten Standort unterzubringen. Was aber ist ein geeigneter Standort?

Auf keinen Fall ein geheiztes Zimmer. Ansonsten aber eignet sich jeder kühle (aber frostfreie), gut lüftbare, helle Platz. Besonders kritisch sind die **Höchsttemperatur** und die **Lüftung**, denn bei der **Helligkeit** kann man verhältnismäßig leicht nachhelfen.

Die Raumtemperatur sollte während der Überwinterung möglichst nicht über 10 °C steigen, **12 bis 15 °C sind absolute Obergrenzen** und oftmals schon zu viel. Je niedriger die Temperatur, um so besser (so lange sie frostfrei ist). Mit einer kleinen Elektroheizung und Thermostat können Sie den Raum frostfrei halten. Denn die erforderliche **hohe Luftfeuchte** ist in einem geschlossenen Raum umso schwieriger zu gewährleisten, je höher die Raumtemperatur ist. – Ein möglichst kühler Standort ist außer wegen der Luftfeuchte auch wegen der **Schädlinge** wichtig. Je höher die Raumtemperatur, um so wohler fühlen sich die Schädlinge.

Genauso wichtig ist die Lüftung. **Fensterlose Räume** oder Räume mit Fenstern, die man nicht öffnen kann, sind deshalb eher ungeeignet – es sei denn, es sind ins Freie führende Türen vorhanden, die zum Lüften geöffnet werden können. Dabei spielt die **Dauer der Frostperiode** eine große Rolle. Für nur eine Nacht oder wenige Nächte braucht man sich wegen der Lüftung keine Sorgen zu machen. Dauert die Frostperiode aber länger, eventuell sogar mehrere Wochen, dann ist die Frage des Lüftens entscheidend. Das kann dann sogar an einem Platz kritisch werden, der an sich gut belüftbar ist. Denn wenn es draußen klirrend kalt ist, kommt mit der frischen Luft natürlich auch die Kälte herein. Man darf also nie so lange lüften, dass es drinnen zu frieren beginnt.

Hell soll der Raum sein, denn Kamelien sind immergrüne Pflanzen. Dabei ist zu berücksichtigen, dass in der Zeit der Überwinterung die Tage ohnehin am kürzesten sind. Ist der Platz zu dunkel, empfiehlt sich deshalb die Installation einer **Pflanzleuchte** (oder mehrerer, je nach den Gegebenheiten) mit Zeitschaltuhr. Mit ihrer Hilfe kann man morgens und abends den Tag um jeweils zwei bis drei Stunden künstlich verlängern. Achten Sie darauf, dass es sich wirklich um eine echte Pflanzleuchte **mit natürlichem Tageslichtspektrum** handelt und dass der Abstand der Lichtquelle zur Pflanze genügend groß ist (mindestens 0,5 m). Mit dieser Methode haben wir seit vielen Jahren beste Erfahrungen gemacht.

Wir haben mit einer ehemaligen Waschküche angefangen. Als dort der Platz nicht mehr ausreichte, nahmen wir unsere Garage dazu; das erwies sich als ziemlich schwierig wegen der Lüftung. Heute haben wir unsere Kamelien in Töpfen, deren Zahl von Jahr zu Jahr steigt, in „Notzeiten" selbst im Trockenraum stehen. Die Sammelleidenschaft ist grenzenlos, der Platz zum Auspflanzen dagegen nicht.

Die Überwinterung an einem solchen Standort im Haus bleibt aber eine Notlösung. Besser ist immer ein Platz im Freien, so lange kein Frost herrscht. Bei unseren typischen Wintern mit häufigem Wechsel zwischen Frostperioden und milderem Wetter bekommt es den Kamelien am besten, wenn sie nicht den ganzen Winter über an einem solchen Standort stehen. Sobald der Frost vorbei ist, sollten Sie sie wieder ins Freie bringen. Das mag zwar lästig sein, aber was tut man nicht alles für eine Pflanze, die einem die Extramühe mit herrlichen Blüten im Spätwinter und zeitigen Frühling dankt!

Wie lange blühen Kamelien?

Wenn Strauchpfingstrosen (*Paeonia suffruticosa*) im Mai ihre prachtvollen Blüten öffnen, ist das ein Spektakel von ungefähr einer Woche. Ein Schauspiel ohnegleichen – aber ein kurzes. Und wenn am ersten Tag ein Gewitter der Pracht ein Ende bereitet, bleibt nur die Hoffnung auf das nächste Jahr.

Um wieviel besser geht es uns da mit Kamelien! Ihre Blütezeit erstreckt sich über **mehrere Wochen** auf manchmal bis zu drei Monate. 'K. Sawada' mit ihren so zart wirkenden und doch so widerstandsfähigen weißen Blüten hat bei uns im Jahr 2001 vom 25. Januar bis zum 20. April geblüht. Ende Februar hatten wir noch einmal Minustemperaturen, in dieser

Zeit hat sie eine Pause eingelegt. Danach öffneten sich die geschlossenen Knospen wieder zu perfekten Blüten. Sie erfreute uns dann mit unermüdlichem Blühen, bis auch die letzte Knospe sich geöffnet hatte.

Kamelien öffnen **niemals gleichzeitig alle Knospen**, sondern über einen längeren Zeitraum hinweg schön nacheinander. Sie sind nie alle im gleichen Entwicklungsstadium. Das hat mindestens zwei unschätzbare Vorteile: Wir haben lange etwas von der Blütezeit, und wenn ein Frost die geöffneten Blüten braun werden lässt und vernichtet, sind nicht die geschlossenen Knospen davon betroffen. Diese warten, bis der Frost sich verabschiedet hat, schwellen an und blühen auf.

Fazit:
Ein Frost im April oder Mai kann eine ganze Obstbaumblüte zunichte machen, ein Frost im Februar oder März niemals die gesamte Kamelienblüte.

Die Länge der Blütezeit ist auch sehr **temperaturabhängig**. Bei Minusgraden befinden sich die Knospen in Warteposition, bei kühlem, aber frostfreiem Wetter öffnen sie sich langsam – sozusagen in Zeitlupe – zu perfekten Blüten. Das ist der Idealfall. Wir können uns dann lange an jeder einzelnen Blüte erfreuen, und über einen langen Zeitraum erscheinen immer wieder neue. Leider trifft das nicht immer zu. Plötzlich eintretendes, sehr mildes Wetter lässt eine große Zahl von Knospen sich ziemlich zeitgleich öffnen und sich auch wieder zeitgleich verabschieden.

Hinzu kommt, dass sich bei einem solchen Temperaturschock die Blüten nicht vollständig öffnen. Das kommt in erster Linie bei Pflanzen in Töpfen vor. Zu **hohe Temperaturen** in der Zeit, wenn die Knospen schon Farbe zeigen, hindern manche Sorten – besonders gefüllte – daran, auch ihre Blütenmitte zu entfalten. Dafür verantwortlich kann aber auch ein zu **trockener Wurzelballen** sein, und sei es auch nur für kurze Zeit, oder aber unregelmäßiges Gießen. Dieses „Steckenbleiben" oder „Sitzenbleiben" der Blüten sieht nicht schön aus: Während die äußeren Blütenblätter zurück gebogen sind, bleibt die Mitte fast geschlossen und öffnet sich auch später nicht mehr.

Spät blühende Sorten wie 'Alba Simplex', 'Black Lace', 'Jury's Yellow' oder auch 'Nuccio's Gem' blühen nie über einen so langen Zeitraum wie früh blühende. Eine Sorte, die erst Mitte April anfängt, ihre ersten Blüten zu öffnen, kann dann keine drei Monate mehr blühen. Für sehr raue Gegenden sind das die idealen Sorten, an einem geschützten Standort hat man von einer **früh blühenden** Kamelie einfach mehr. 'Nobilissima' beispielsweise, die bei günstigem Wetter schon an Weihnachten blühen kann, ab und zu eine Pause einlegt, wenn es ihr zu frostig wird, um ihre Blüten später auf 's Neue zu entfalten. Bei ihr kann man selbst Anfang April noch die eine oder andere Blüte entdecken.

Sie können davon ausgehen, dass eine früh blühende Sorte immer als erste erscheint, auch wenn es in

'Snow Goose', ein Sport von 'Alba Simplex', ist eine spät blühende Sorte

'Nobilissima', eine der am frühesten blühenden Sorten von C. japonica (Beschreibung siehe S. 95)

einem Jahr einmal später als üblich ist. Alle anderen sind dann eben noch später. Durch die jeweilige Witterungslage kann sich die Blütezeit verschieben – nach vorne oder nach hinten. „Früh" oder „spät" ist eben relativ.

'K. Sawada' mit ihrer mittleren Blütezeit ist bei uns im Garten im Jahr 2001 bereits Ende Januar aufgeblüht, dieses Jahr (2002) hat sie es erst Anfang März geschafft. 'Shiragiku' (Synonym 'Purity') dagegen, eine spät blühende Sorte, variiert in der Blütezeit längst nicht so stark – immer im April, einmal ein paar Tage früher, einmal ein paar Tage später. Kein Wunder, auch die Temperaturunterschiede sind im Frühling nicht mehr so groß.

Die ohnehin schon lange Blütezeit der Kamelien können Sie noch **optisch verlängern**, wenn Sie die abgefallenen Blüten unter ihrer Pflanze liegen lassen. Viele Sorten, besonders Sorten von *C. × williamsii* wie 'Debbie', bilden einen richtigen Blütenteppich. Das sieht wunderschön aus, besonders da die Blüten durch ihr Gewicht wie hingelegt wirken. Wenn Sie also nicht allzu ordentlich sind und am Boden liegende Blüten „ertragen" können, wird die Blütezeit Ihrer Kamelie auf die reizendste Art ausklingen.

Das endgültige **Ende der Kameliensaison** kommt mit der ersten Hitzewelle im Mai. Wenn die Temperaturen über 25 °C steigen, ist es abrupt aus. Innerhalb von wenigen Tagen hängen die Blüten schlaff an ihren Zweigen. Knospen, die sich bis dahin nicht geöffnet haben, schaffen es nicht mehr.

Weiße Blüten – schön, aber empfindlich?

„Am liebsten würde ich mir ja eine weiße Kamelie kaufen, aber weiße Blüten sind doch so empfindlich und werden so schnell braun." Wie oft haben wir diesen Satz schon gehört. Dieser Wunsch nach weißen oder zartfarbenen Blüten ist verständlich. Sie passen besser in unsere Frühlingslandschaft und bilden mit unseren Frühlingsblühern eine Harmonie.

Sind weiße Blüten denn wirklich so empfindlich? In unserem kleinen weißen Garten mit weit über hundert unterschiedlichen weiß blühenden Kamelien – und vielen anderen weiß blühenden edlen Pflanzen – haben wir reichlich Gelegenheit, unsere Beobachtungen zu machen.

Generell sind weiße Blüten nicht heikler als farbige. Das gilt nicht nur für Kamelien, sondern auch für Rosen, Flieder oder Narzissen. Bei weißen oder hellen Farben sind Flecken oder braune Stellen aber **eher sichtbar**. Ein regenbedingter brauner Rand wirkt bei der weißen 'Nuccio's Gem' störend, bei der dunkelroten 'Black Lace' fällt er kaum ins Auge.

Kamelien mit ihrer ungewöhnlichen Blütezeit mitten im Winter oder Vorfrühling sind natürlich eher ungünstiger Witterung ausgesetzt als eine Rose im Juni. Das spricht wieder für eine spätere Blütezeit. Wenn man aber bedenkt, wie lange wir Freude an der Kamelienblüte haben können, ist es höchst unwahrscheinlich, dass es die ganze Zeit über regnet.

Unserer Erfahrung nach leiden **große, locker gefüllte Blüten** mehr als

'K. Sawada', eine zart wirkende Blüte, die erstaunlich wetterfest ist (Beschreibung siehe S. 93)

Bedenken Sie, ...
dass die Blüten bei im Freien stehenden Kamelien nicht die Perfektion von denen im Gewächshaus erreichen können. Das gilt für Größe, Form und Farbe und ganz besonders für die Makellosigkeit der Blüte.

kleinere mit dicht gefüllter oder einfacher Blütenform. Und ein **zartes, dünnes Blütenblatt** ist anfälliger als ein kräftiges, festes. Meist sieht man es einer Blüte schon an, ob sie vom Typ „Rühr-mich-nicht-an" ist. Es muss übrigens nicht immer das Wetter sein, das die Blüten in Mitleidenschaft zieht. Ständiges Anfassen mögen sie genauso wenig.

Es gibt aber auch Ausnahmen. Von der **Wetterfestigkeit** der so zart wirkenden 'K. Sawada' waren wir sehr verblüfft. Wir wollten unser 2 m hohes Prachtexemplar in voller Blüte bei einer Gartenführung präsentieren. Am Abend und in der Nacht davor ergoss sich ein Wolkenbruch vom Himmel, der heftiger nicht hätte sein können. Unsere Verzweiflung war groß und die Hoffnung klein. Zu unserem Erstaunen hatte es den Blüten nicht das Geringste ausgemacht. 'K. Sawada' zeigte sich am nächsten Tag von ihrer besten Seite.

Generell ist ein **Standort im Regenschatten** bei weißen oder zartrosa Blüten von Vorteil. Wenn Sie einer solchen Kamelie einen Platz unter einem Vordach oder einem Baum reservieren, werden die Blüten besser vor Wind und Regen geschützt.

Wie bringe ich Kamelien-Samen zum Keimen?

Dazu müssen Sie den braunen Samen (ohne die grüne Hülle) möglichst **bald nach dem Aufplatzen** der grünen Hülle ernten und in ein **Glas mit Schraubverschluss** in leicht feuchte, mit Sand vermischte **Anzuchterde** drücken. Verschließen Sie das Glas und stellen Sie es an einen Platz mit **gleichbleibender Bodenwärme**, beispielsweise auf eine grüne **Heizmatte**, wie man sie im Garten- oder Zoofachhandel bekommt. Es funktioniert aber auch gut auf einer **Fensterbank** über einer Heizung. Je nach Sorte kann es drei bis vier Monate oder auch ein bis zwei Jahre dauern, bis der Samen anfängt zu keimen. Viel Erfolg!

Kann ich eine Kamelie umpflanzen?

Aber selbstverständlich! Besser ist es für eine Kamelie allerdings, wenn sie gleich den endgültigen Platz bekommt und sich **ungestört entwickeln** kann. Gründe für ein Umpflanzen gibt es viele: Sie kann für ihren bisherigen Standort zu groß geworden sein, denn nicht immer hat man die Vorstellung, dass ein so kleines Pflänzchen neben der Haustür einmal solche Ausmaße annehmen wird und den Weg versperrt. Vielleicht würde sie sich an einer anderen Stelle im Garten wohler fühlen. Oder möchten Sie Ihren Garten umgestalten? Falls man umzieht, möchte man sie sicherlich gerne mitnehmen.

Um weiterhin Freude an seiner Kamelie zu haben, sollte das Umpflanzen mit **größter Sorgfalt** geschehen und keinesfalls im „Hau-ruck-Verfahren". Das Verpflanzen eines Rhododendron ist vergleichsweise ein Kinderspiel. Kamelien haben einen weniger kompakten Wurzelballen und **fleischige Wurzeln**. Wenn man die Pflanze ausgräbt und an ihrem Stamm herauszieht, kann es leicht passieren, dass durch das Gewicht der Erde ein großer Teil der Wurzeln abbricht. Und das ist das Letzte, was wir gebrauchen können. Sollte es doch einmal passiert sein, dass trotz aller Vorsicht ein Teil der Wurzeln verloren ging, müssen Sie auch den oberen Teil der Pflanze (Triebe und Blätter) einkürzen. Ein reduziertes Wurzelsystem ist nicht in der Lage, die Kamelie in ihrer ursprünglichen Größe zu ernähren.

Der Wurzelballen wird am besten **tief und schräg** abgestochen. Auf diese Weise werden die obersten Würzelchen am wenigsten beschädigt. Es ist wichtig, dass möglichst viele davon an der Kamelie verbleiben. Der untere Teil des Ballens kann ruhig etwas re-

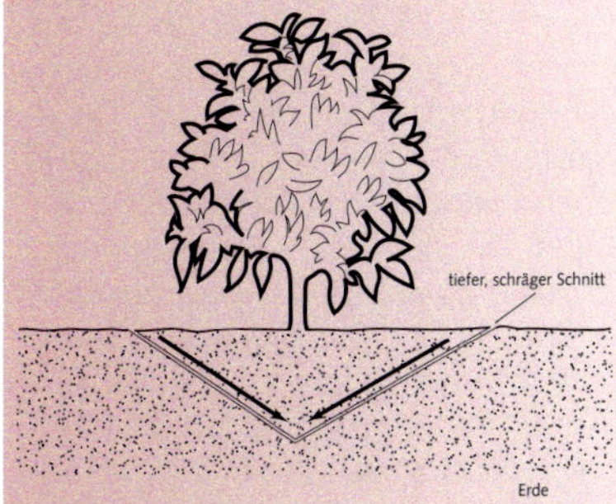

Der Wurzelballen wird mit einem tiefen, schrägen Schnitt vorsichtig abgestochen.

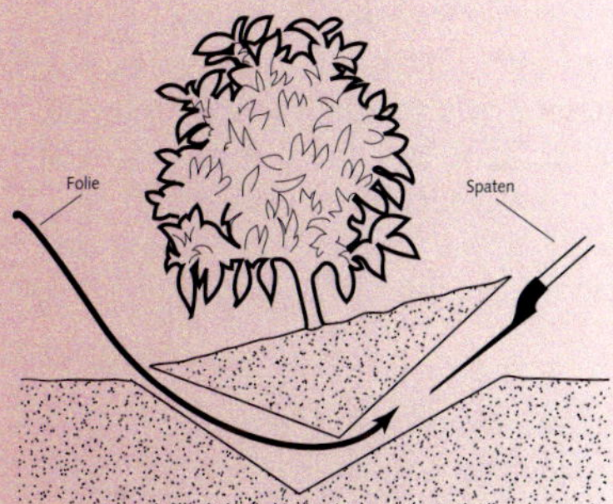

Die Kamelie wird mit einem Spaten angehoben und mit einer festen Plastikfolie unterlegt.

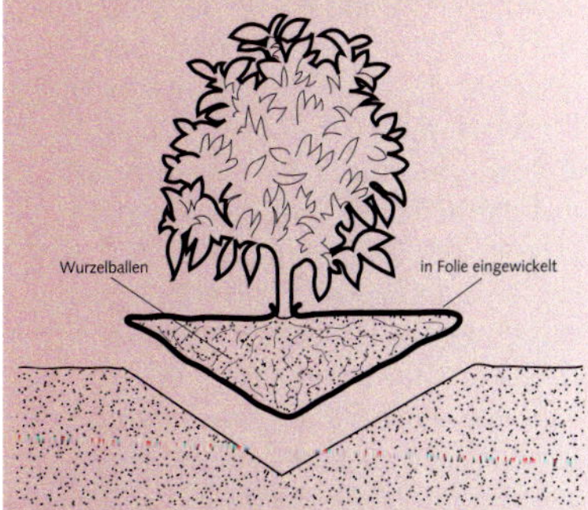

Eingehüllt in die Folie, wird die Kamelie behutsam aus ihrem Loch gehoben.

duziert werden. Es schadet der Kamelie nicht, sondern verringert das Gewicht und erleichtert die Arbeit. Die Pflanze wird mit einem Spaten angehoben und mit einer **Plastikfolie** unterlegt. Die zieht man am besten mit der Hand durch, bis der gesamte Ballen umhüllt ist. So eingepackt geht nichts von den lebensnotwendigen Wurzeln verloren. Nun kann die Kamelie vorsichtig aus ihrem Loch gehoben werden. Sie ist gut vorbereitet für einen anderen Platz im Garten oder für die Reise zu einer neuen Heimat.

Um der Kamelie den Stress zu erleichtern, sollte das Umpflanzen **so schnell wie möglich** geschehen. Die neue Stelle im Garten muss also vorher ausgesucht und vorbereitet sein. Lässt sich eine Verzögerung wie bei einem Umzug nicht vermeiden, ist es wichtig, dass der Wurzelballen nicht austrocknet und die Pflanze die Zeit an einem schattigen, vor Sonne und austrocknenden Winden geschützten Platz überbrücken kann. Obwohl diese Prozedur besonders bei einer großen, etablierten Kamelie mit erheblichem Stress verbunden ist, ist es kein aussichtsloses Unterfangen.

Doch wieviel leichter könnte man es der Kamelie und auch sich selbst machen, indem man ein eventuelles Umpflanzen von vornherein einplant.

Der **beste Zeitpunkt** für ein Umpflanzen ist nach der Blüte vor dem Neuaustrieb. Bei einem Umzug wird sich das nicht immer so einrichten lassen. In diesem Fall kann man die Kamelie vorübergehend in einem Topf „zwischenlagern", bis der richtige Zeitpunkt gekommen ist.

Die „Drahtkorb-Methode"
Sie ist so einfach, dass es ein Rätsel ist, warum sie nicht öfter angewendet wird: In das fertige Pflanzloch wird ein quadratisches Stück Maschendraht (Maschenweite 2 bis 5 cm) gelegt und von einer Seite bis zur Mitte eingeschnitten. So lässt sich leicht ein Korb formen. In ihn wird nochmals Pflanzerde gegeben, und nun kann die Kamelie auf die übliche Weise gepflanzt werden. Ist dann einmal die Zeit des Umpflanzens gekommen, genügen einige Spatenstiche außerhalb der Drahtumhüllung, um die Kamelie ohne Schaden aus ihrem Loch heben zu können – und sie gesund und mit geringem Aufwand an ihren neuen Standort zu bringen.

Hilfe, meine Kamelie mickert!

Kamelien sind außerordentlich robust und machen im Vergleich zu Rosen wenig Probleme, besonders Pilzkrankheiten kommen relativ selten vor. Aber sie sind Lebewesen, die sehr deutlich zeigen können, wenn ihnen etwas nicht behagt.

Merke:
Die meisten Krankheiten haben leider die Ursache in Pflegefehlern. Vorbeugen ist auch hier besser als Heilen. Eine gut gepflegte Kamelie ist wesentlich widerstandsfähiger als eine, die um ihr Überleben kämpfen muss.

• Meine Kamelie wirft alle Knospen ab!

Das ist das häufigste Problem – und das, obwohl Kamelien in erster Linie wegen ihrer Blütenpracht kultiviert werden.

Es gibt mindestens drei Gründe für diese Reaktion der Pflanze:

– **Mangelnde Luftfeuchtigkeit:** Die Knospen brauchen hohe Luftfeuchtigkeit, um sich zu Blüten zu entfalten. Deshalb können Kamelien keine Zimmerpflanzen sein, und haben über der Wohnzimmerheizung nichts zu suchen. Bei ausgepflanzten Kamelien ist das von erheblich geringerer Bedeutung.

– **Unterbrochene Wasserzufuhr:** Bekommt die Kamelie in der Zeit der Knospenbildung (siehe Seite 14f.) unregelmäßig und zu wenig Wasser (und damit auch zu wenig Nährstoffe), können die Knospen, auch die Blattknospen, abfallen. Leider passiert das oft, besonders zur Zeit der Sommerferien, wenn das fachgerechte Versorgen der Pflanzen problematisch ist. Bei Pflanzen, die im Regenschatten stehen und bei Pflanzen in Töpfen ist diese Gefahr besonders groß.

– **Zu dicht stehende Knospen:** Oftmals stehen fünf bis sieben Blütenknospen an den Triebenden dicht beieinander. Sie behindern sich gegenseitig und fallen im Zweifel alle ab. Besser ist, von vornherein nur die beiden kräftigsten stehen zu lassen. Für das vorsichtige Herausdrehen braucht man etwas Fingerspitzengefühl. Einfacher ist, die unerwünschten Knospen mit einer Nadel zu durchstechen. Sie trocknen ein und fallen von allein ab. Das ist sicherlich das kleinste Problem, aber auch die anderen Ursachen sind durchaus in den Griff zu bekommen.

Hier kann man schon die Blütenknospe erkennen

• Meine Kamelie blüht nicht!

Es kann durchaus vorkommen, dass eine Kamelie einmal keine Blütenknospen ansetzt, vielleicht sogar **zwei Jahre** hintereinander. Länger allerdings sollte sie nicht aussetzen. Dann wäre zu überlegen, ob nicht ein anderer Standort oder eine andere Sorte die Lösung wäre.

Die Anlagen der Blütenknospen bilden sich in den längsten und wärmsten Tagen des Sommers (siehe Seite 14f.). Die meisten „Japonicas" brauchen in dieser Zeit **mindestens 20 °C**, um Blütenknospen für das nächste Jahr zu entwickeln. Haben wir das Pech, dass es gerade in der entscheidenden Phase **kühl und regnerisch** ist, was leider allzu oft vorkommt, bleibt nur die Hoffnung auf das nächste Jahr.

Das ist mit ein Grund, warum Sie es nicht bei einer einzigen Kamelie belassen sollten (wir kennen niemanden, der nicht „süchtig" geworden ist). Seit

Es ist ganz normal, dass die Kamelie alte Blätter abwirft

weit über zehn Jahren machen wir Aufzeichnungen über die Blütezeit. Und fast jede Pflanze hat einmal ausgesetzt, aber nie alle auf einmal.

• Meine Kamelie lässt ihre Blätter fallen!

Das ist zunächst einmal eine Frage der Menge.

– Wirft die Pflanze **alle Blätter** ab, nach und nach oder gar gleichzeitig, liegt mit Sicherheit ein **Pflegefehler** vor. Meist war der Wurzelballen zu trocken, die Wasserzufuhr unterbrochen (siehe Seite 65ff.). Aber auch zu viel Wasser, Staunässe oder zu viel Dünger können die Ursache sein.

– Kamelien sind immergrüne Pflanzen. Das heißt aber nicht, dass ein- und dieselben Blätter „immer", also über Jahrzehnte hinweg, an der Pflanze verbleiben. Im Durchschnitt beträgt der **Lebenszyklus** eines Kamelienblattes etwa vier Jahre. Es bildet sich aus der Blattknospe, ist zart und in der Regel hellgrün, wird im Erwachsenenstadium ledrig und dunkelgrün, schließlich färbt es sich gelb, dann braun – und fällt nach der Blütezeit ab. Ein ganz normaler Vorgang, der bei allen „immergrünen" Pflanzen stattfindet, und kein Grund zur Sorge – denn die Blätter altern zum Glück nicht alle gleichzeitig. Eine mehrjährige, gesunde Kamelie hat immer **junges und altes** Laub.

• Die Blätter haben buchtenförmig ausgefressene Ränder!

Bei diesem Symptom ist meist der **Dickmaulrüssler** am Werk. Die Käfer sind nachtaktiv, sie fressen sich also nachts satt und sollten beim ersten Anzeichen für einen Befall abgesammelt werden. Allerdings sind sie schlecht zu finden. Am besten man legt bei Verdacht ein weißes Tuch auf die Wurzelscheibe dicht um die Pflanze. Sind die schwarzbraunen Käfer satt, lassen sie sich fallen.

Das Gefährlichere allerdings sind ihre weißen, ungefähr 1 cm großen, **C-förmigen Larven**. Sie sind sehr gefräßig, befinden sich zwischen den Wurzeln und können diese bis zum Wurzelhals völlig abfressen. Nach wenigen Wochen wird die Kamelie welk und stirbt unwiderruflich ab.

Bei Kamelien in Töpfen muss man die Pflanze bei den ersten Anzeichen (Blattfraß) aus dem Topf nehmen und die Wurzeln gründlich absuchen. Die

Praxistipp

Machen Sie es sich zur Regel, Neuzugänge gründlich im Wurzelbereich zu untersuchen; eventuell haben Sie die Larven des Dickmaulrüsslers schon mitgekauft. Das bisschen Mühe sollten uns unsere Kamelien wert sein.

Ein hässlicher grauschwarzer, klebriger Belag auf den Blättern

Nach dem Abwaschen der Blätter kann wieder Licht an sie dringen

Larven sind gut sichtbar. Bei ausgepflanzten Kamelien ist das wesentlich schwieriger, aber die einzige Möglichkeit.

• Die Blätter haben einen grauschwarzen, klebrigen Belag!
Ein leider weit verbreitetes, sehr hässlich aussehendes Übel, nicht nur an Kamelien, auch an vielen anderen immergrünen Pflanzen.

In Maßen vorkommend ist das nicht weiter tragisch. Es handelt sich um einen **Pilz**, der sich auf den klebrigen **Ausscheidungen von Läusen** ansiedelt. Das sind in erster Linie Schildläuse, aber auch Blattläuse und Sackschildläuse, die in weißen, wolligen „Würstchen" an der Blattunterseite sitzen. Am einfachsten und dabei wirkungsvollsten können Sie die Blätter mit einem Tuch und klarem Wasser abwaschen. Nun sind die Blätter wieder glänzend grün, und die Kamelie bekommt genügend Licht.

Bei **starkem Befall** und einer größeren Zahl von Kamelien ist diese Methode eine Sisyphusarbeit, woran wir schon fast verzweifelt sind. Hier hilft nur, mit einem Pilzmittel zu spritzen, das dann zwar den Pilz abtötet, aber nicht zugleich den hässlichen Belag entfernt. Um ein anschließendes Säubern – und sei es durch Abspritzen mit dem Gartenschlauch – kommt man nicht herum.

Besser ist auch in diesem Fall, es gar nicht so weit kommen zu lassen und die Pflanze bei Schädlingsbefall mit **„Elefanten- oder Sommeröl"** (Paraffinöl) völlig einzusprühen. Das ist allerdings nur bei milden Temperaturen wirksam. Auf der einen Seite wünschen wir uns natürlich milde Winter für unsere Kamelien, milde Winter bieten aber auch ideale Bedingungen zum Überleben von Schädlingen.

• Die Blätter haben braune Flecken!
Wie viele Blätter haben wir schon zugeschickt bekommen, um eine Ferndiagnose zu erstellen! Von vornherein: das ist kaum möglich. So unterschiedlich die Flecken aussehen, so verschieden können die Ursachen sein.

Eine Auswahl an Möglichkeiten:
– **Braune Flecken** auf der Blattoberseite können durch zu **intensive Son-**

Durch einen Virus panaschiertes Laub

neneinstrahlung entstehen. Das Blatt wird zerstört, niemals aber die ganze Pflanze. Der Standort ist für Ihre Kamelie zu sonnig.

– **Braune Blattspitzen**, später auch braune Ränder, können die **Folge von Überdüngung** sein. Denken Sie daran: Weniger ist mehr (siehe Seite 42)! Überdüngung schädigt die Wurzeln und kann zum Absterben der Kamelie führen.

– **Dunkelbraune, harte Pusteln** auf der Blattunterseite bilden sich bei einem zu **feuchten Standort**, besonders in den lichtarmen Monaten. Diese so genannten „Korkwarzen" schaden der Kamelie nicht, sie sind nur ein Schönheitsfehler. Es sind auch nur manche Sorten dafür anfällig.

• Die jungen Triebe sterben ab!

Das Triebsterben wird durch einen **Pilz** verursacht, der die Wasserleitungsbahnen zerstört und somit zum Welken und späteren Absterben führt. Die befallenen Triebe müssen abgeschnitten und vernichtet werden, um ein weiteres Verbreiten zu verhindern. Ein luftiger, nicht zu warmer Platz beugt diesem Übel vor.

• Meine Kamelie hat marmorierte Blätter!

Wenn man nicht bewusst eine Sorte mit panaschiertem Laub gekauft hat (wie beispielsweise 'Golden Spangles', ein Sport von 'Mary Christian') und ein Freund von mehrfarbigem Laub ist, hält sich die Begeisterung meist in Grenzen.

Ein **Virus** ist dafür verantwortlich, der bei der Vermehrung oder über Läuse in die Pflanze gelangen kann. Auch ist er in vielen Sorten latent vorhanden. Er lässt sich nicht bekämpfen, schadet der Pflanze aber auch nicht. Vielleicht bleibt sie vom Wuchs her etwas kleiner. Es ist sinnlos, die panaschierten Blätter zu entfernen, da neue nachfolgen werden.

Beim Kauf sollten Sie allerdings darauf achten, denn nach unserem Empfinden ist das eine Pflanze zweiter Wahl, und man sollte darauf aufmerksam gemacht werden. Aber vielleicht mögen Sie das grün-gelb gefleckte Laub – viele neue Sorten sind durch vegetative Vermehrung solcher „befallener" Triebe entstanden.

Übrigens:
Mehrfarbigkeit kommt nicht nur bei Blättern, sondern auch bei Blüten vor. Für die rosa-weiß-gefleckten Blüten der Sorte 'Anticipation Variegated' ist auch ein Virus verantwortlich.

• Meine Kamelie zeigt nach dem Winter überhaupt kein Leben!

War der gesamte Wurzelballen für **mehr als zwei Tage** durchgefroren,

Neues, hoffnungsvolles Leben zeigt sich am kahlen Holz

Diese Kamelie hat Früchte angesetzt, die mit großer Wahrscheinlichkeit Samen enthalten

wird die Kamelie kaum überleben. Das kommt hauptsächlich bei der **Kultur in Töpfen** vor.

Nach dem extrem strengen Winter 1996/97 hatte eine Kamelie (eine Sorte, bei der es keinerlei Erfahrung mit der Winterhärte gab) bei uns keine Knospe und kein einziges Blatt mehr. Ein trauriges Gerippe! Das einzige, was Hoffnung verlieh: Unter der an einer kleinen Stelle vorsichtig abgekratzten Rinde schimmerte es grün. Und grün heißt Leben. Ist es unter der Rinde aber braun, muss so weit **zurück geschnitten** werden, bis man doch noch auf etwas Grünes trifft. Und sei es bis nur 10 cm über dem Boden.

Es wurde Mai, alle anderen Kamelien trieben munter aus; Juni, Juli – es tat sich nichts. Sie war wahrlich keine Zierde in unserem kleinen Garten. Bis sich plötzlich im August Leben am kahlen Holz regte und die Kamelie vor Kraft fast explodierte. Sie hat im Zeitraffer alles nachgeholt und im nächsten Jahr bereits wieder geblüht. Man sollte nie zu früh aufgeben.

So ziehen Sie eine Kamelie aus Samen heran:

- Damit Sie nicht auf etwas warten, was nicht kommen kann, testen Sie die Samen auf ihre Keimfähigkeit. Schwimmen sie nach 15 Minuten in einem Glas Wasser noch immer oben, können Sie sich das Aussäen sparen.
- Ein Glas (6 cm Durchmesser reicht für drei Samen aus) gut zur Hälfte mit ungedüngter Anzuchterde füllen, die Samen hineindrücken und angießen. Fest mit einem Deckel oder mit Folie verschließen.
- Vermerken Sie auf dem Gefäß das Datum sowie den Art- und Sortennamen der Mutterpflanze. Der „Vater“ ist bei einem Zufallssämling unbekannt.
- Stellen Sie das Glas warm und absonnig, aber hell.
- Mit etwas Glück kann der Keimling schon nach vier Wochen erscheinen, meist dauert es länger.
- Entfernen Sie nach und nach die Abdeckung.

• Meine Kamelie hat so komische grüne Äpfelchen!
Wie schön, dann hat sie **Früchte und somit Samen** angesetzt – ein Zeichen, dass sie sich bei Ihnen wohl fühlt! Die Möglichkeit einer generativ (aus Samen) gezogenen Kamelie ist in greifbare Nähe gerückt. Versuchen Sie es einmal, vielleicht entsteht ja gerade bei Ihnen eine ganz besondere Sorte. Aufregend ist es auf jeden Fall und gar nicht schwer.

Zuerst färbt sich die grüne äußere Schale braun. Die Samen sind **reif**, wenn im Spätherbst die Samenkapsel aufspringt. Wir haben schon bis zu sechs vielversprechende Samen in einer Kapsel gefunden.

Unsere schönste selbstgezogene Kamelie ließ sich acht lange Jahre Zeit, bis sie sich entfaltete. Aber wenn es dann endlich so weit ist, haben Sie ein Original vor sich, eine neue Sorte, der Sie einen Namen geben können.

Gibt es eigentlich duftende Kamelien?

Ja, die gibt es – wenn auch ihre Auswahl noch relativ gering ist. Mit der intensiv **nach Honig duftenden Wildform** *C. lutchuensis* als Elternteil sind schon herrlich duftende Züchtungen entstanden. Nur leider sind sie bei uns **nicht winterhart**. Bei anderen Sorten, wie 'Showa Wabisuke' oder 'Winter's Star', ist die Winterhärte zwar kein Problem, doch bei sehr niedrigen Temperaturen kann sich der Duft nicht voll entfalten. Man wird ihn nur schwach oder gar nicht wahrnehmen.

Aber wir haben noch die **herbstblühenden Kamelien**. Sie duften fast alle,

'Navajo', eine angenehm duftende herbstblühende Kamelie (Beschreibung siehe S. 110)

besonders intensiv 'Narumigata' und 'Plantation Pink'. Entscheidet man sich für eine sehr früh blühende Sorte, kann man an milden Herbsttagen in ihrem Duft schwelgen ... eine gelungene Mischung von süß, herb und warm mit einer orientalischen Note.

Wie kann ich Kamelien in meinen Garten integrieren?

Kamelien gehören mit zu den vielseitigsten Pflanzen für die Gartengestaltung:
– immergrünes, glänzendes, schönes Laub
– große Vielfalt in Wuchs, Blattformen und -größen, Blütenfarbe, -form und -größe und in der Blühsaison
– relativ geringe Anfälligkeit für Krankheiten und Schädlinge
– regelmäßiger Schnitt nicht erforderlich
– am richtigen Standort wenig pflegeintensiv

Eine ideale Pflanze für den Garten –

Empfehlenswerte Begleitpflanzen:

- **im Winter:** Zaubernuss (*Hamamelis*), Mahonie (*Mahonia*), Fleischbeere (*Sarcococca*), Winterheide (z.B. *Erica carnea* 'Springwood White').
- **im Frühling:** Schaffen Sie mit zarteren und kräftigeren Abstufungen eine Ton-in-Ton-Wirkung oder setzen Sie Akzente (wodurch aber auf keinen Fall der Kamelie „die Show gestohlen" werden darf) mit Sternmagnolie (*Magnolia stellata*), Felsenbirne (*Amelanchier*), Zier-Kirsche (*Prunus* 'Shirotae'), Lavendelheide (*Pieris*), laubabwerfende Rhododendren (Azaleen), Chinesischer Hartriegel (*Cornus kousa* var. *chinensis*), Hundszahn (*Erythronium*), Narzissen (*Narcissus*).
- **im Sommer:** Funkien (*Hosta*), Glockenblumen (*Campanula*), winterharte Fuchsien wie *Fuchsia magellanica*, Scheinmohn (*Meconopsis*), Taglilien (*Hemerocallis*), Schwertlilien (*Iris*).
- **als Ganzjahresaspekt:** Portugiesischer Kirschlorbeer (*Prunus lusitanica*): attraktive, edel wirkende Hintergrundpflanze (er gilt zwar als nicht ganz winterhart, hat aber dort wo Kamelien im Freiland gedeihen, ebenfalls gute Chancen); Gräser, Farne wie der immergrüne Tüpfelfarn (*Polypodium*), Frauenhaarfarn (*Adiantum*) und Schildfarn (*Polystichum*). Farne lieben einen humosen, sauren Boden und sind nur etwas für geduldige Gartenliebhaber.

So fühlen sich Kamelien am wohlsten – gemeinsam mit anderen Moorbeetpflanzen, wie hier im Schaugarten von Peter Fischer

Wuchsformen von Kamelien

Wuchsform	kompakt aufrecht	kompakt buschig	locker aufrecht	schlank aufrecht	locker ausladend
Farbe					
weiß	'Triphosa' 'White Nun'	– –	'China Clay' 'Nobilissima'	'K. Sawada'	'Cornish Snow' 'Kenkyo'
rosa	'Billie McCascill' 'Donation'	–	'Berenice Boddy' 'Debbie'	'Spring Festival' 'Anticipation'	'Elegans'
rot	'Freedom Bell'	'Coquettii'	–	–	–
mehrfarbig	'Kick-Off'	'Lady Vansittart' 'Jury's Yellow'	'Navajo'	'Hikarugenji' (Syn. 'Herme')	'Gigantea'

ob als **Blickfang** in einem Beet (z.B. 'Spring Festival'), als **Spalier** gezogen (z.B. 'Cornish Snow' oder 'Elegant Beauty') oder als **Hecke**. Für eine lockere Hecke eignet sich beispielsweise 'Inspiration', für eine formale dagegen 'Anticipation'. In einem Abstand von etwa 60 cm gepflanzt, ist solch eine Hecke selbst ohne Blüten etwas Besonderes.

Für kleinere Gärten empfehlen wir Sorten mit **einzelnen großen Blüten**, die aus der Nähe wahrgenommen werden. In größeren Gärten wirken Sorten mit einer **Menge kleinerer Blüten** aus der Entfernung am besten. Während ihrer Blütezeit sollte man der Kamelie die Rolle als Hauptdarsteller zukommen lassen. Anschließend ist sie die ideale Hintergrundpflanze. Als **Gruppenpflanzung** mit unterschiedlicher Blütezeit sehen sie nicht nur hinreißend aus, sondern sind auch sehr zeitsparend in der Pflege.

Eine Entscheidung können nur Sie selbst treffen:

– der Kamelie bei der Pflanzung den Platz einzuräumen, den sie braucht, um sich naturgemäß ohne Einschränkung entwickeln zu können – und durch Umpflanzen eine „Zwischenlösung" zu schaffen oder
– sie dichter zu pflanzen und sie nur so groß werden zu lassen, wie der vorhandene Platz es erlaubt. Das ist zwar jammerschade, aber oft die einzige Möglichkeit.

Gibt es auch Bodendecker-Kamelien?

Im herkömmlichen Sinn sind Bodendecker Pflanzen, die den Boden so dicht bedecken, dass Unkraut vollständig unterdrückt wird und die Arbeit ein Minimum an Zeit erfordert. Bodendecker sollen dicht und schnell wachsen, frosthart sein und von niedrigem Wuchs, anspruchslos und krankheitsresistent, robust und nach Möglichkeit noch trittfest. – Und das sind Kamelien ganz bestimmt nicht. Aber es gibt

Sorten, die Sie am Boden entlang wachsen lassen können. Und das kann, wenn man ein bisschen geschickt ist, eine sehr hübsche **bodendeckende Wirkung** haben. Sie werden damit bestimmt Aufsehen erregen und Nachahmer finden. Kamelien als elegante Bodendecker für einen schattigen, kleinen Hang, oder für ein Moorbeet zwischen Rhododendren und Winterheide bilden einen wunderschönen ganzjährigen Teppich aus glänzendem Laub mit Blüten über viele Wochen hinweg.

Kamelien mit bodendeckender Wuchsform

Kamelien mit steil aufrechtem Wuchs, wie 'Jury´s Yellow' oder 'Mrs. Tingley', sind völlig unpassend. Sorten mit geeigneten Wuchsformen: Locker verzweigt und überhängend wächst 'Cornish Snow', locker und überhängend 'Gigantea', locker, breit und unregelmäßig 'Hatsuwarai'. Aber auch die herbstblühenden Kamelien wie 'Lago dei Cigni' oder die neuen besonders winterharten „Ackerman-Hybriden“ wie 'Winter´s Snowman' lassen sich auf diese Weise verwenden.

Es ist aufregend zu erleben, was man mit Kamelien alles machen kann, wenn man sich von der Meinung löst, dass sie nur vertikal zu wachsen haben. Wenn man beispielsweise den Haupttrieb – oder auch die Spitzen der Triebe – der Sorte 'Elegans' stark zurückschneidet, nimmt sie einen breiten, ausladenden Wuchs an. Als „Bodendecker“, als **Kaskade** über eine Mauer gezogen oder als **Vordergrund** für hochwachsende Exemplare eröffnet eine Kamelie ganz neue Perspektiven in der Gartengestaltung. Bei dieser Art der Verwendung können alle Blüten besonders gut zur Geltung

'Cornish Snow': geeignet, um über eine Mauer zu wachsen (Beschreibung s. S. 92)

Eine drei- bis vierjährige Kamelie mit lockerem, stark verzweigtem und überhängendem Wuchs – wie beispielsweise 'Cornish Snow' – eignet sich gut, um als „Bodendecker" am Boden entlang gezogen zu werden.

Die einzelnen Triebe werden vorsichtig nach unten gebogen. Das geht am besten, wenn man es in Etappen macht. Es wäre zu schade, wenn etwas abbrechen würde. Dann werden die Triebe locker mit einem Haken am Boden befestigt.

Unsere Kamelie sieht anfangs etwas eigentümlich aus. Aber bereits nach einem Jahr haben sich entlang der kahlen Zweige neue, junge Triebe gebildet. Jetzt lässt sich erahnen, was wir anstreben – wenn erst einmal alle schlafenden Augen erwacht sind.

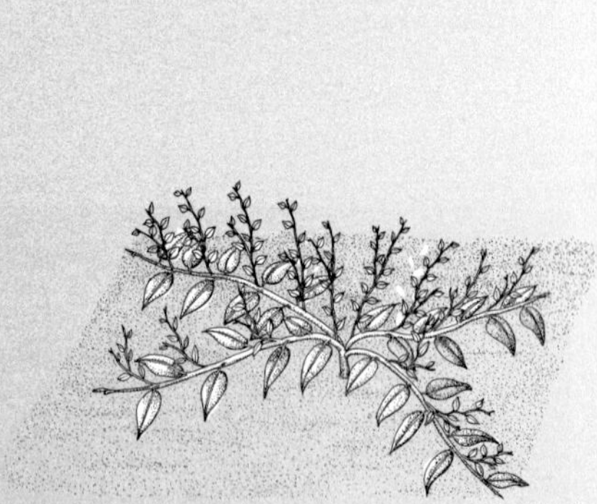

Am Ende des zweiten Jahres haben auch die jungen Triebe schon wieder Seitentriebe gebildet. Ein Mitte ist bereits erkennbar. Mit der Zeit wird sie immer dichter werden. Oft bewurzeln sich auch die Zweige, die Bodenkontakt bekommen haben, und der Teppich wird immer dichter.

kommen und einen **effektvollen Blütenteppich** bilden, der bestimmt in dieser Jahreszeit seinesgleichen sucht.

Und wie wird so etwas gemacht?

Die Methode ist ganz einfach. Wichtig ist, dass eine **junge Pflanze** (3 bis 4 Jahre) gleich entsprechend „erzogen" wird. Pflanzen Sie Ihre Kamelie in einer **geeigneten Sorte** an den gewünschten Platz, biegen Sie die einzelnen Triebe vorsichtig nach unten ohne sie abzubrechen, und breiten Sie sie am Boden aus. Dann befestigen Sie die Triebe mit einem **Haken** (er lässt sich aus festem Draht selbst biegen) am Boden. Die Natur ist immer bestrebt, bei einer Pflanze keine kahle Mitte entstehen zu lassen. Während die so gezogene Kamelie am Anfang etwas eigentümlich aussieht und fragende Blicke hervorruft, werden innerhalb kürzester Zeit die **schlafenden Augen** auszutreiben beginnen. Es bilden sich entlang der kahlen Zweige neue kleine Triebe, und mit der Zeit eine dichte Mitte. Es ist auch durchaus möglich, dass sich die festgepflockten **Zweige mit Bodenkontakt** bewurzeln. Auf diese Weise wird der Teppich immer dichter.

Eine ungewöhnliche Art der Gestaltung, aber eine besondere. Versuchen Sie es ruhig einmal, so schwer ist es nicht.

Kamelien sind weder Sumpf- noch Wüstenpflanzen

Ihre Kamelie wird entsprechend reagieren, wenn Sie ihr ein ständiges Stehen im Wasser oder in pulvertrockener Erde zumuten – sie mickert, setzt keine Blüten an oder geht ein.

Viele Orchideen lieben es, völlig trocken zu stehen und dann richtig kräftig gegossen zu werden. Nicht so Kamelien. Ständiges „Stop and Go" mögen sie nicht. In ihren ostasiatischen Heimatländern finden sie eine ideale **Gleichmäßigkeit** in Temperatur und Feuchtigkeit vor. Wir können ihnen diese Idealbedingungen nicht nach Europa holen, aber wir können durchaus auf ihre Bedürfnisse eingehen.

Es ist unmöglich zu sagen, wie oft und wie viel gegossen werden soll. Die **individuellen Bedürfnisse** der Pflanze spielen eine Rolle, der Boden und das Wetter. Neu gepflanzte Kamelien benötigen mehr Wasser als eingewurzelte Exemplare. Die frische Erde nimmt mehr Wasser auf und es müssen neue Wurzeln gebildet werden. In Töpfen dagegen müssen Sie mit zunehmendem Pflanzenalter häufiger wässern, da die Wurzeln den Topf mehr und mehr ausfüllen.

Ob im Freiland ausgepflanzt oder in Töpfen kultiviert – der Spätfrühling und der Sommer sind die kritischste Zeit. Das ist die **vegetative Zeit**, die jungen Triebe werden gebildet, und sie sind besonders empfindlich gegen Trockenheit. Sie werden welk, erholen sich oft aber nach dem Wässern wieder – aber allzu oft machen sie dieses Spielchen nicht mit. In dieser Periode darf der Wurzelballen *niemals* austrocknen, auch nicht für kurze Zeit. Das Abfallen der Knospen während der Blütezeit ist meist auf zu wenig Wasser im Sommer und auf Unregelmäßigkeit im Gießen zurückzuführen.

Wichtig ist auf jeden Fall die **Beschaffenheit des Bodens**. Kamelien

Weithin leuchten die Blüten dieser Kamelie, die einem schlichten Reihenhausgarten Charakter verleiht

mögen keine Staunässe, das heißt sie wollen auf keinen Fall mit den „Füßen“ im Wasser stehen. Bei schweren Böden und bei der Kultur in Töpfen kann das zum Problem werden. Hier ist **Drainage** besonders wichtig: Geben Sie als erstes eine lockere Kiesschicht in das Pflanzloch, damit überschüssiges Wasser versickern kann. Ein Topf braucht aus dem gleichen Grund ein Loch im Boden (das durch Tonscherben vor dem Verstopfen gesichert werden muss) und darf nicht in einem Übertopf oder tiefem Untersetzer stehen, worin sich das Wasser sammeln könnte. Denken Sie daran: Kamelien sind keine Sumpfpflanzen!

Oft hat man ja das Wässern auch gar nicht selbst in der Hand. In regenreichen Zeiten braucht man sich bei im Garten ausgepflanzten Kamelien um die Bewässerung keine Gedanken zu machen, sofern sie richtig gepflanzt sind. Das gilt nicht für Exemplare, die im Regenschatten stehen und von dem Regensegen zu wenig oder gar nichts abbekommen. Auch bei Kamelien in Töpfen muss das Regenwasser abfließen können.

Ist Ihr Prachtstück durchdringend gewässert, kann es **tiefere Wurzeln** bilden und ist somit auch nicht so empfindlich gegenüber Trockenperioden. In einem feuchten Umfeld findet eine **bessere Luftzirkulation** statt, die der Kamelie ermöglicht, lebensnotwendige Nährstoffe aufzunehmen.

Goldene Gießregeln:
- Niemals in regelmäßigen Abständen gießen (z.B. „jeden Freitag“)
- Vor dem Gießen prüfen, ob der Boden in etwa 2 cm Tiefe trocken ist
- Durchdringend wässern, aber nicht zu oft. „Jeden Tag ein bisschen Wasser“ kann mehr schaden als nutzen.
- Denken Sie immer daran: Kamelien lieben eine gleichmäßige Feuchtigkeit, nicht zu nass und nicht zu trocken.

Anfänger, die die Kamelien allzu oft nur wegen ihrer Blüten kultivieren, ignorieren leider oft die Bedürfnisse der Pflanze während des restlichen Jahres. Sie sollten dann nicht überrascht sein, wenn in der nächsten Saison die Blüten ausbleiben. Kamelien

Unser Hauseingang wird durch blühende Kamelien in Töpfen aufgewertet

können „nachtragend" sein. Sie können aber auch die Zuwendung, die man ihnen hat zuteil werden lassen, mit einer zauberhaften Blütenpracht belohnen. Es gibt eine Art „Gerechtigkeit" im Verhalten der Kamelien uns Menschen gegenüber. Sie gestattet uns kaum zu ernten, was wir nicht vorher sorgfältig gepflegt und gewässert haben.

Kamelien sind nicht gern allein

Wer ist schon gern allein? Wir Menschen sind es in der Regel nicht, auch Tiere sind selten Einzelgänger, und Kamelien mögen überhaupt nicht gern allein sein. Sie fühlen sich in Gesellschaft viel wohler, in der Gemeinschaft mit anderen Pflanzenarten, am allerliebsten aber mit **anderen Kamelien.**

Ein Standort „allein auf weiter Flur" behagt ihnen nicht. Sie scheinen sich einsam zu fühlen und sich dann nicht richtig entwickeln zu können. Vielleicht brauchen sie die „Kommunikation" unter ihresgleichen, um sich wohl zu fühlen und um richtig aufzublühen. Vielleicht spornen sie sich auch gegenseitig an oder wollen sich sogar in ihrer Schönheit überbieten. Wir wissen es nicht. Uns sind für dieses scheinbar „menschliche" Verhalten jedenfalls keine befriedigenden botanischen Erklärungen bekannt. Wir haben nur immer wieder diese Erfahrung gemacht, in unserem eigenen Garten und in fremden Gärten. Und haben auch bestätigt bekommen, dass Kamelien gern unter ihresgleichen wachsen.

Hat man **Kamelien in Töpfen** stehen, beispielsweise neben der Haustür, wirkt es ohnehin harmonischer, zu beiden Seiten eine Pflanze stehen zu haben. Zwei Exemplare der selben Sorte und Größe vermitteln einen sehr großzügigen Eindruck.

Aber auch **ausgepflanzt vor der Hauswand** (nicht zu nah wegen der Trockenheit), zwischen Fenstern, oder rechts und links eines Fensters, hat man Kamelien in doppeltem Sinne in Sichtweite. Hierfür eignen sich Sorten mit schmalem, aufrechtem Wuchs wie die leuchtend rosafarbene 'Anticipation', 'Hagoromo' mit ihren eleganten, magnolienähnlichen Blüten oder auch die rosa-weiß marmorierte 'Hikarugenji' (Synonym 'Herme'). Hat man genügend Platz zur Verfügung, kann man richtig in Kamelien schwelgen. Sehr hilfreich – und spätere Enttäuschung vermeidend – ist, sich vorher einen Plan zu machen. Sie haben später viel mehr Freude, wenn die Sorten in **Blütezeit und Farbe** aufeinander abgestimmt sind. Ein gelbliches Rot wie bei 'Grand Prix' oder 'Hiodoshi' harmoniert nicht mit einem Pinkton wie beispielsweise von 'Debbie'. Solche Kombinationen sollte man vermeiden, denn im Zweifel wird sich ihre Blütezeit überschneiden.

Bedenken Sie:
Auch Form, Größe und die Struktur der Blätter tragen zur Harmonie einer Kamelienpflanzung bei, wenn sie sich ergänzen und nicht gegenseitig erdrücken. Das wird leider viel zu wenig berücksichtigt. Ein gekonnt-gewollter Kontrast kann dagegen auch das „i-Tüpfelchen" sein.

Kalkulieren Sie **genügend Platz** ein, damit sich Ihre Kamelien artgemäß entwickeln können. Ein Abstand von 2 m und mehr ist nicht zu viel. Das sieht natürlich bei kleinen Pflanzen, die ja erst noch große Kamelien werden wollen, hoffnungslos verloren aus. Entweder setzt man kleinere Kamelien dichter zusammen mit einem Abstand von etwa 1 m und nimmt jede zweite Pflanze heraus, wenn sie zu groß geworden sind (ein anderer Platz findet sich sicherlich) – oder man setzt in die Lücken Rhododendren, Lavendelheide oder anderen Pflanzen mit gleichen Bodenansprüchen (siehe Seite 61).

Da meistens die **Qual der Sortenwahl** sehr groß ist, und die Entscheidung zwischen zwei so wunderschönen Kamelien oft unheimlich schwer fällt, ist das Problem doch für beide Seiten relativ einfach zu lösen: Sie nehmen alle beide! Sie brauchen nicht mit sich zu ringen, und die Kamelie fühlt sich nicht einsam. Sie werden mit zwei kleineren Exemplaren viel mehr Erfolg haben als mit einem großen. Sie setzen eine Kamelie auch nicht so unter „Erfolgsdruck", wenn Sie Ihre – insgesamt durchaus berechtigten – Erwartungen nicht nur auf eine Pflanze konzentrieren. Wenn Sie mehrere Pflanzen haben, wird es Sie nicht so stören, wenn eine mal mit dem Blühen aussetzt, was Kamelien hin und wieder tun.

Die Gefahr, dass eine einsame Kamelie lange vor sich hintrauert, ist ohnehin kaum gegeben. Wir kennen niemanden, bei dem es nur bei einer Kamelie geblieben ist. Es geht eine unwiderstehliche Faszination von ihnen aus.

Wenn Sie gerne schneiden

Kann ich meine Kamelie schneiden? Wann schneide ich meine Kamelie? Wie schneide ich meine Kamelie? Das sind mit die häufigsten Fragen, die wir gestellt bekommen. Das hat in uns die Überzeugung reifen lassen, dass ein Gartenliebhaber offensichtlich gern schneidet. Kaum hat er sein neu erworbenes Pflänzchen im Arm, noch nicht mal 30 cm hoch und erst im Begriff, eine Kamelie zu werden, wird nach dem Schnitt gefragt.

Das **Umdenken bei Kamelien** muss erst noch gelernt werden. Wenn eine Kamelie von vornherein einen Platz erhält, an dem sie groß und alt werden kann, braucht sie überhaupt keinen Schnitt. Das unterscheidet sie von den meisten Rosen, die nur dann schön wachsen und üppig blühen, wenn sie regelmäßig fachgerecht zurückgeschnitten werden. Kamelien hüllen sich auch ohne Rückschnitt in ihre blühende „Festtagsrobe" und sehen unserer Meinung nach am schönsten aus, wenn man höchstens etwas korrigierend in ihren natürlichen Wuchs eingreift.

Generell ist die **Zeit des Schneidens** wichtiger als die Technik. Kamelien sollten immer **nach ihrer Blüte**, wenn ihre Ruhezeit gerade zu Ende ist, geschnitten werden. Das ist von Art zu Art und auch von Sorte zu Sorte durchaus unterschiedlich. Das Kambium (die Schicht mit den Gefäßleitbahnen zwischen Rinde und Holz) ist in dieser Zeit aktiv, die Schnittstellen heilen schnell, das neue Wachstum hat noch nicht begonnen und Blütenknospen sind noch nicht gebildet, können somit auch noch nicht verloren gehen. Um diese Zeit ist es leicht, der Kamelie die Form vorzugeben, die

'Hagoromo' im Gruga-Park in Essen

man im folgenden Jahr gerne haben möchte.

Natürlich werden alle **schwachen, kranken oder sich gegenseitig behindernden Triebe** vollständig entfernt. Die Mitte der Kamelie wird ausgedünnt, um Licht und Luft hineinzulassen.

Sehr alte, **lange Zeit vernachlässigte Kamelien** lassen sich durch einen starken Rückschnitt „verjüngen". Übrig bleibt nicht mehr als ein blattloser Stamm mit einigen Zweigen. Selbst diese Radikalmethode macht den wenigsten Kamelien etwas aus. Am alten Holz wird neues Wachstum sprießen, und in zwei Jahren können Sie sich schon wieder an einer zwar kleineren, aber buschigen Kamelie in voller Blütenpracht erfreuen.

Abgesehen von einer solchen „Verjüngungskur" werden Kamelien durch einen Schnitt nur in Form gebracht. Einige Sorten, wie 'Jury's Yellow' und 'Hagoromo', wachsen von Natur aus kompakt und benötigen so gut wie keine Regulierung. Bei anderen dagegen, wie bei den meisten „Sasanquas", aber auch bei 'Debbie' und 'Nobilissima', sollte man **korrigierend** eingreifen, um ihnen ihre beste Form zu geben. Dieser **Formschnitt** sollte immer nur die natürliche Wuchsform (siehe Übersicht Seite 62) der Kamelie verbessern und hervorheben, niemals aber völlig verändern.

Fazit:
Es gibt die unterschiedlichsten Gründe und viele Möglichkeiten, eine Kamelie zu schneiden – wenn man unbedingt möchte. Kamelien *muss* man nicht, man *kann* sie aber schneiden.

Wenn Sie Kamelien gestalterisch einsetzen möchten

Wie wäre es mit einer **Kamelienhecke**? Schon allein hier gibt es die verschiedensten Möglichkeiten. Ob nur aus einer Sorte von *C. japonica* oder aus mehreren, ob aus den herbstblühenden Kamelien, den „Sasanquas", oder in Verbindung mit anderen, nichtblühenden Heckenpflanzen wie der Eibe oder dem Kirschlorbeer, bleibt dem eigenen Geschmack und der Kreativität vorbehalten. Solch eine **gemischte Hecke** muss allerdings sehr sorgfältig geplant werden, damit alle Pflanzen die selben Eigenschaften und Ansprüche haben, sich nicht gegenseitig bedrängen (auch nicht im Wurzelbereich) und da-

Geeignete Pflanzen für eine gemischte Kamelienhecke
- Mit in Farben und Blütezeit aufeinander abgestimmten Rhododendren lässt sich eine gute Wirkung erzielen.
- Die wunderschöne und duftende *C. sasanqua* 'Narumigata' bildet eine lockere Hecke, die recht schnell eine Höhe von über 2 m erreicht.
- 'Anticipation' mit ihren leuchtend rosafarbenen, päonienförmigen Blüten eignet sich durch ihre Wuchseigenschaften besonders gut für eine edle Hecke.

mit sie das ganze Jahr hindurch ansprechend aussieht.

Kamelienhecken – hier dürfen Sie schneiden! – werden **einmal im Jahr** unmittelbar nach der Blüte geschnitten, bevor sich die Anlagen der Blütenknospen für das nächste Jahr bilden. Ansonsten höchstens einmal hier und da einen kleinen Trieb, um die Form zu wahren. Kamelienhecken werden niemals mit der Heckenschere bearbeitet wie beispielsweise Eiben. Sie werden sorgfältig **von Hand** geschnitten. Nur so kann sich eine gut verzweigte Hecke entwickeln, die das ganze Jahr über dicht belaubt ist und während ihres Höhepunktes über und über mit Blüten bedeckt ist.

Nach ein-, zweihundert Jahren wachsen Kamelien sogar zu **Bäumen** heran. Nur werden wir das alle nicht erleben, es sei denn, unsere Vorfahren waren so vorausschauend. Aber wir können uns ja ein Bäumchen selbst ziehen. Beinahe jede Kamelie mit geradem Stamm, mäßigem, aber kompaktem Wuchs, relativ kleinen Blüten und kleinem Laub ist geeignet für einen **Hochstamm**.

Die einfachste Methode ist, eine Pflanze mit **geradem, starkem Mitteltrieb** auszusuchen. Die Krone sollte schon recht dicht sein, und die Höhe der Kamelie mindestens 1,50 m betragen. Schneiden Sie alle **unteren Triebe** bis zu einer Höhe von etwa 1 bis 1,20 m ab. Formen Sie nun den verbleibenden oberen Teil zu einer runden Krone. Das ist eigentlich schon alles. Je nach Stärke des Stammes ist es ratsam, ihn zu stützen, die Kamelie ist ja jetzt „kopflastig". Und nun müssen Sie jedes Jahr nach der Blüte mäßig schneiden, um die Krone kompakt, in Form und in Grenzen zu halten.

Sicherlich fällt es schwer, all die unteren abgeschnittenen Triebe einfach wegzuwerfen. Wenn Sie sich Ihr Bäumchen im Spätsommer gezogen haben (es wird dann allerdings im folgenden Jahr nicht blühen), können Sie aus den Trieben Stecklinge machen.

Kamelienhochstämme aus dem Fachhandel haben ihre Form meist durch Pfropfen erhalten, genau wie bei den Rosen. Das sollte man aber besser den Fachleuten überlassen. Hier müssen Sie ebenfalls immer nach der Blüte schneiden, um die Form zu erhalten.

Hurra, an einem Trieb sind sieben Blütenknospen!

Hurra? Stolz bekommen wir immer wieder Kamelien präsentiert, an deren Triebspitze ein ganzes Büschel von Blütenknospen sitzt. Prall, dick und vielversprechend sehen sie aus. Man fiebert dem Augenblick entgegen, wo sie sich zu großen, herrlichen Blüten öffnen – schön nacheinander, damit wir lange etwas davon haben. Aber sie denken gar nicht daran, da sie gar keinen **Platz** haben, sich zu entfalten! Und da keine Blütenknospe der anderen die „Show" gönnt, fallen im Zweifel alle ab.

Die wenigsten Sorten beugen dem von Natur aus vor. Also müssen wir eingreifen, auch wenn es schwer fällt. Wir werden immer ganz entsetzt angeschaut, wenn wir vorschlagen, einige Knospen zu entfernen. Aber es ist besser, sich an zwei prachtvollen Blü-

Merke:
Überzählige Blütenknospen werden entfernt, um
- die **Gesundheit und Wuchskraft** einer Kamelie zu erhalten oder
- die **Größe, Form und Farbe der Blüten** zu vervollkommnen.

ten erfreuen zu können, als sieben abgefallenen Knospen nachzuweinen.

Das kann beispielsweise bei **sehr jungen Pflanzen** notwendig sein, die einfach noch nicht in der Lage sind, eine Blüte zu verkraften. Leider werden neuerdings Pflänzchen (Kamelien kann man dazu noch kaum sagen) verkauft, bei denen eine spektakuläre Blüte größer als die Pflanze selbst ist. Das dient nur kommerziellen Zwecken, nicht der Kamelie. Sie wird es in den seltensten Fällen überleben und wird sich im wahrsten Sinn des Wortes zu Tode blühen. Auch sehr große Pflanzen, die **umgesetzt** worden sind, können den Blühstress schlecht vertragen. Kamelien, die einen **Schock** (beispielsweise durch Feuer) erlitten haben oder **verletzt** wurden, neigen dazu, Blütenknospen im Übermaß anzusetzen. Das ist eine Verzweiflungstat, die aber genau das Falsche bewirken kann und von der Kamelie nicht klug ist. Hier sollten und müssen wir helfend eingreifen, indem wir ihr für dieses Jahr die Knospen entfernen.

Häufiger wird es jedoch der Fall sein, dass die Knospen **aus ästhetischen Gründen** reduziert werden.

'Guilio Nuccio' mit ihren großen, halbgefüllten Blüten im Schaugarten von Peter Fischer (Beschreibung siehe S. 107)

Vorsichtig und mit Verstand gemacht, kann dieses Vorgehen die Größe und Qualität einzelner Blüten unglaublich beeinflussen, eine längere und bessere Blühsaison gewährleisten und sogar das Aussehen und die Gesundheit der Pflanze verbessern.

Natürlich ist es sinnlos, bei **kleinblütigen Sorten** die Knospen zu entfernen, ebenso bei Pflanzen, die in erster Linie der Gartengestaltung dienen und bei denen ein Überfluss an Blüten ihr größter Vorzug ist. Aber alle Sorten, die von Natur aus Blüten mit einem Durchmesser von **10 cm und mehr** hervorbringen, bilden oft zu viele und zu dicht beieinanderstehende Blütenknospen aus, oder sie haben Schwierigkeiten, ihre Blüten vollständig und perfekt zu öffnen. Sie sind prädestiniert für das Entfernen zu vieler Knospen, wie beispielsweise 'Guilio Nuccio' mit ihren großen, halbgefüllten Blüten in leuchtendem Rosarot.

Die **geeignete Zeit** für das Entfernen unerwünschter Blütenknospen ist gekommen, wenn man an dem neuen Austrieb Blatt- und Blütenknospen voneinander unterscheiden kann. Wenn nur eine Knospe an einem Blattstiel erscheint, ist das wahrscheinlich eine Blattknospe, erscheinen mehrere, sind auch Blütenknospen mit dabei. Am Anfang sehen beide Knospenarten sehr ähnlich aus, später werden die Blütenknospen deutlich größer und dicker als die schlanken Blattknospen und sind deutlich zu unterscheiden. Im **Spätsommer oder Herbst** sind die Blütenknospen klar erkennbar, und das Selektieren kann beginnen.

Die Blütenknospen, die wir behalten möchten, sollten sehr **sorgfältig aus-**

'Adolphe Audusson' gedeiht hier prächtig (Beschreibung siehe S. 104)

gewählt werden. Die besten Blüten erscheinen immer an den jungen Trieben und an den Spitzen. Blüten im unteren Bereich der Pflanze werden niemals die größte Vollkommenheit erreichen. Nicht mehr als **zwei Knospen** an einem jungen Austrieb, eine an der Spitze und eine weiter unten, werden für das beste Ergebnis sorgen. Am Besten befinden sie sich außerdem in einem unterschiedlichen Entwicklungsstadium. Sie werden nach Möglichkeit so ausgesucht, dass die spätere Blüte nach oben schaut und **gut sichtbar** ist. Bei Blüten, die auf Ausstellungen Preise gewinnen sollen, macht man es genau entgegengesetzt: Die Blüten sollen nach unten gerichtet sein, damit sie weder Regen noch Schmutz abbekommen. Das ist für unsere Kamelien im Garten jedoch nicht angebracht. Wir möchten die Blüten sehen und uns an ihnen erfreuen.

Wenn Sie sich entschieden haben, welche Knospen Sie sich entwickeln lassen möchten, sollten die restlichen **so schnell wie möglich** entfernt werden, indem man sie **mit der Hand** vorsichtig herausdreht. Wenn die Knospen jedoch zu vielen und sehr dicht beieinander sitzen, ist die Gefahr groß, kleine Blattknospen zu verletzen oder auch die erwünschten mit abzudrehen. In diesem Fall raten wir, die unerwünschten Knospen **mit einer Nadel** längs von oben nach unten durchzustechen. Durch die eintretende Luft trocknen sie ein und fallen, ohne Schaden anzurichten, von allein ab.

Beachten Sie:
Das Entfernen unerwünschter Blütenknospen kann nicht über Fehler und Nachlässigkeit in der Pflege hinwegtäuschen. Es kann keine mittelmäßigen, kümmerlichen oder schadhaften Knospen über Nacht in die prächtigsten Blüten verwandeln. Wurden jedoch alle wichtigen Aspekte der Kamelienkultur beachtet, kann man damit einen „Blütenzauber" vollbringen.

Dichtung und Wahrheit

Was ist wahr an all den weitverbreiteten Vorurteilen, den festgefahrenen Meinungen, die über Kamelien im Umlauf sind? Jemanden von seiner vorgefassten Meinung abzubringen ist nicht immer einfach. Nichts hält sich so lange wie ein Gerücht – außer eine gut gepflegte Kamelie.

– Kamelien gelten leider immer noch als „**empfindliche Zimmerpflanzen**", dabei sind sie weder das eine noch das andere. Neuerdings sind „Indoor-Kamelien" auf dem Markt. Vergessen Sie solche Angebote: Sie können sich noch so viel Mühe geben, Sie werden es nicht schaffen, aus einer Kamelie eine Zimmerpflanze zu machen. Es sei denn, Sie haben zu Hause ein Zimmer, in dem Sie sich im Wintermantel und mit Regenschirm aufhalten – aber das wünschen wir niemandem.

– „Kamelien sind **winterhart**". Auch diese Behauptung ist mit Vorsicht zu betrachten. Zu viele Faktoren sind für die Winterhärte verantwortlich (siehe Seiten 24ff., 31ff.), um eine solch pauschale Aussage treffen zu können.

– „Kamelien brauchen **viel Schatten**". Auch das lässt sich so pauschal nicht behaupten. Sie fühlen sich in unseren Regionen im Halbschatten am wohlsten, brauchen aber während ihrer Wachstumsphase auch Sonne (siehe Seite 22ff.).

– „Kamelien in Töpfen **werfen ihre Knospen ab, wenn man sie dreht oder hin- und herstellt**". Das ist einfach Unsinn (siehe Seite 18f.): Wir bringen unsere Kamelien ständig an den Platz, an dem sie am besten zur Wirkung kommen und Spaziergänger und natürlich auch uns erfreuen können. Ist die eine Sorte dann abgeblüht, wird sie durch eine ersetzt, die gerade „Hochzeit" hat. Richtig müsste es heißen: „Kamelien werfen **bei falscher Pflege** ihre Knospen ab". Das stimmt wirklich und ist – neben extremen Witterungsbedingungen – der einzige Grund für dieses leidige Übel.

– „Kamelien sind **wenig krankheits- und schädlingsanfällig**". Das ist richtig, Gott sei Dank! Wenn wir bedenken, dass wir bei ungefähr der gleichen Anzahl Rosen wie Kamelien in unserem Garten 10 % Arbeit mit den Kamelien haben und 90 % mit den Rosen! Das ist nicht übertrieben.

– „Kamelien haben **keine Stacheln**". Wie herrlich! Ein nicht zu unterschätzender Vorteil gegenüber den Rosen. Jeden Sommer, wenn wir wieder einmal so richtig zerkratzt sind und mit den bösartigen Stacheln der Rosen kämpfen, lieben wir unsere Kamelien noch mehr.

– „Kamelien brauchen am richtigen Standort **kaum Pflege**". Zum Glück ist das kein Gerücht, sondern die Wahrheit. Wohlgemerkt: am richtigen Standort.

– „Kamelien sind **anspruchsvoller an den Standort** als beispielsweise Rosen". Das stimmt leider (siehe Seite 41). Hat man ihn jedoch gefunden und nimmt man etwas Rücksicht auf die wenigen Bedürfnisse einer Kamelie, damit sie sich artgerecht entwickeln kann, ist der Anspruch ein recht bescheidener.

– „Kamelien sind **immergrün**". Ja, das sind sie, jedenfalls, wenn Sie alles richtig gemacht haben. Dann können Sie sich das ganze Jahr über an einem

'Narumigata' mit orientalisch duftender Blüte (Beschreibung siehe S. 95)

sehr attraktiven Laub erfreuen. Allerdings behält die Kamelie nicht über Jahrzehnte hinweg ein- und die selben Blätter (siehe Seite 56).

– „**Kamelien und Rosen** ergänzen sich in idealer Weise". Das trifft zu, aber nur auf die Blütezeit. Sie fällt im besten Fall in die Ruhezeit der Rosen. Wenn die Rosen im September/Oktober aufhören zu blühen, fangen die ersten Kamelien, die herbstblühenden „Sasanquas", an. Und haben die letzten Kamelien im Mai ihr Schauspiel beendet, sind die ersten Rosen zur Stelle. In ihren Bodenansprüchen passen sie jedoch nicht zueinander, größere Gegensätze könnte es kaum geben (siehe Seite 41).

– „Kamelien haben genauso **schöne Blüten wie Rosen**". Dieser Meinung sind wir auch. Und wir möchten sogar noch etwas weiter gehen: Die Vielfalt ist bei den Kamelien reichhaltiger an Formen und Größen, mit einer Bandbreite des Durchmessers von 1 bis 18 cm. Oft sind sie einer Rosenblüte erstaunlich ähnlich in ihrem Aufbau und ihrer Faszination. Auch wenn Adalbert Stifter 1857 in seinem Roman „Nachsommer" den Wanderer sagen ließ: „Ich wäre auch geneigt, die Rose für die schönste Blume zu halten. Die Kamelia steht ihr nahe, dieselbe ist zart, klar und rein, oft ist sie voll von Pracht; aber sie hat immer für uns etwas Fremdes, sie steht immer mit einem gewissen vornehmen Anstande da: das Weiche, ich möchte den Ausdruck gebrauchen, das Süße der Rose hat sie nicht." – Das mag für die damalige Zeit gestimmt haben. Doch inzwischen sind so viele zauberhafte Sorten erhältlich, dass Adalbert Stifter das heute wohl nicht mehr so geschrieben hätte.

– „Kamelien duften nicht". Zum Glück trifft das so pauschal nicht zu. Wenn man das Riesenangebot an Kamelien betrachtet, ist der Anteil duftender Sorten allerdings verschwindend klein. Glücklicherweise gibt es von Jahr zu Jahr mehr **duftende Kamelien**, und so werden Sie sich zukünftig immer öfter über eine Kamelienblüte neigen und ihren Duft genießen können (siehe Seite 60).

Der menschliche Aspekt

Das echte Problem, Kamelien zum Gedeihen und Blühen zu bringen, liegt – wenn es überhaupt ein Problem gibt – nicht an den Pflanzen. Es liegt vielmehr an den Menschen, die sie kultivieren. Eine **große Portion gesunder Menschenverstand, Einfühlungsvermögen, eine gute Beobachtungsgabe und Geduld** sind die Vorausset-

'Donation' fühlt sich im lichten Schatten im Schaugarten von Peter Fischer sehr wohl (Beschreibung siehe S. 100)

zungen für den Erfolg mit Kamelien. Weitsicht ist erforderlich, wenn man bedenkt, dass in den warmen Sommermonaten – wenn sich die neuen Triebe und das junge Laub entwickeln, wenn das junge Holz und die Knospen reifen – die Voraussetzungen für aufregende Blüten im Winter und üppiges Wachstum im Frühling geschaffen werden.

Wenn man in diesen Wochen und Monaten vergisst, die Kamelien ausreichend zu wässern und zu ernähren, sie entweder zu schattieren oder Sonne und Licht tanken zu lassen, braucht man sich nicht zu wundern, wenn sie einem nicht das Beste geben, wozu sie fähig wären. Kein noch so **intensives Bemühen in letzter Minute**, um vielleicht das schlechte Gewissen zu beruhigen oder einem plötzlichen Erkennen entgegenzuwirken, kann ein nachlässiges Pflanzen, unzureichendes Wässern oder sonstige „Versorgungslücken" ausgleichen, geschweige denn ungeschehen machen.

Fazit:
Kamelien sind nur so schwierig, wie wir Menschen sie machen. Wir haben es selbst in der Hand, ob die Kamelien bei uns das sind, wovon wir träumen: attraktive, immergrüne Sträucher mit zauberhaften Blüten.

Ein „ernstes Wörtchen" zum Schluss!

Sicherlich ist es für jeden einleuchtend, dass sich ein Mensch nicht auf Dauer wohlfühlen kann, wenn er ständig auf dem Kopf stehen oder auf allen Vieren laufen müsste. Es wäre für ihn einfach unnatürlich, da er dafür nicht geboren wurde. Er würde zu etwas gezwungen, was er nicht durchhalten kann. Hier werden alle sagen: Das ist doch selbstverständlich und braucht nicht extra betont zu werden!

Und bei den Kamelien? Warum wollen wir ihnen unseren Willen aufdrängen? Sie zu etwas nötigen, wozu sie nicht in der Lage sind? Sie werden es doch nicht mit sich machen lassen. Nicht weil sie nicht wollen, sondern weil sie es nicht können.

Versuchen wir doch zu verstehen, wodurch wir sie – und damit auch uns selbst – glücklich machen können. Wir müssen lernen, **Wunsch und Wirklichkeit** zu trennen und zu akzeptieren, dass nicht alles geht, nur weil wir es uns in den Kopf gesetzt haben.

In der frühesten Kamelienliteratur wird eine Kultivierung in möglichst künstlicher Umgebung empfohlen, und Wege werden aufgezeigt, wie diese exotischen Schönheiten aus dem Fernen Osten geschützt und verhätschelt werden können. Am liebsten hätte man sie in Watte gepackt. Das Erstaunliche ist nur, dass über 200 Jahre später diese unnatürliche Betrachtungsweise immer noch unser Denken und Handeln bestimmt. Wie viele Kamelien werden auch heute noch zu Tode gepflegt!

Stellen wir uns doch vor, wo die Kamelien beheimatet sind und welche Bedingungen sie dort vorfinden. Sie sind **Pflanzen der Wälder und Küstenregionen** Ostasiens. Sie wachsen unter höheren Bäumen, ihre Wurzeln sind bedeckt mit herabfallendem Laub, mit Zweigen und Blüten. Sie sind geschützt vor Wind, Sonne und Austrocknung und genießen Licht, Luft und Feuchtigkeit. Gönnen wir ihnen das doch! Es gibt nicht viele Gartenpflanzen, die so wenige Ansprüche stellen wie Kamelien – wenn sie richtig gepflanzt wurden.

Das Wichtigste ist immer die **Wahl des Standorts** und das **richtige Pflanzen**. Jeder Anfänger muss erst einmal lernen, dass er mit diesen Voraussetzungen mehr Gutes für seine Kamelien tun kann, als er es später je wieder durch „Hilfsmaßnahmen“ wettmachen könnte. Betrachten Sie Ihre Kamelien als das, was sie sind: als Waldpflanzen, und behandeln Sie sie auch als solche. Dann werden Sie feststellen, dass sie winterhärter sind, als man annimmt und viel weniger empfindlich.

Geben Sie Ihren Kamelien ein **bisschen Zuwendung**. Wie alle Lebewesen brauchen sie Fürsorge, um ihr Bestes zu geben. Und bei den Kamelien können Sie sicher sein, dass Ihnen diese Zuneigung durch prächtiges Gedeihen und Blühen zurückgegeben wird.

Die Qual der Wahl

Sie sollen Freude an den Kamelien haben, und die Mühen sollen sich in Grenzen halten. Um Ihnen die Wahl zu erleichtern, haben wir Sorten in allen Blütenfarben und -formen ausgesucht. Sie müssen sich nur noch für Ihre Favoriten entscheiden – diese Entscheidung kann Ihnen allerdings niemand abnehmen.

Weiße und rosafarbene Blüten fügen sich am harmonischsten in unsere Vorfrühlingsgärten ein. So ist es nicht verwunderlich, dass diese Farben bei Kamelien, die für das Freiland ausgesucht werden, am meisten nachgefragt und infolgedessen am schnellsten vergriffen sind. Aus diesem Grund haben wir von diesen zarten Farben eine größere Zahl ausgesucht, damit Sie Alternativen haben.

Auch sind Sorten, bei denen **Erfahrungen mit der Winterhärte** vorliegen, verständlicherweise besonders gefragt. Nur leider wachsen sie so schnell nicht nach. Aber neue Sorten kommen auf den Markt. Haben Sie ruhig den Mut, sie auszuprobieren – wenn es niemand wagt, wird es auch keine neuen Erfahrungen und positiven Überraschungen geben!

Die wichtigsten Gruppen von Kamelien fürs Freie

Gartenformen von *C. japonica*

Bis Mitte des 20. Jahrhunderts waren fast alle Kamelien Gartenformen von *C. japonica*; von Kamelienliebhabern liebevoll, wenn auch botanisch nicht korrekt, „Japonicas" genannt. Denn die ersten Kamelien, die überhaupt aus Ostasien nach Europa beziehungsweise in den Westen kamen, waren „Japonicas", und diese Gruppe ist auch heute noch die mit Abstand wichtigste. Vermutlich gibt es über 20.000 Sorten, exakte Zahlen sind nicht bekannt. Und jedes Jahr kommen neue hinzu.

Nur ein winziger Bruchteil davon – wahrscheinlich weniger als 5 % – ist bei uns in Deutschland erhältlich. Und von diesen wiederum ist nur von weniger als einem Drittel bekannt, dass sie für das Freiland geeignet sind. Das heißt keineswegs, dass alle anderen nicht geeignet wären. Es bedeutet, dass über deren Eignung im Freien – gemeint ist dabei immer die **Winterhärte** – nicht genügend bekannt ist. Diese wenigen (unter 100) Sorten werden verständlicherweise stark nachgefragt und können beim derzeitigen Kamelienboom gar nicht so schnell nachwachsen, wie sie verkauft

Eine für die Freilandkultur besonders empfehlenswerte Sorte von C. japonica: 'Adolphe Audusson' (Beschreibung siehe S. 104)

werden. Deshalb kommen aus dem Ausland ständig neue Sorten auf den Markt, von denen wiederum zunächst nichts über die Winterhärte bei uns bekannt ist. Und da die letzten Winter – glücklicherweise – recht mild waren, können auch keine Erfahrungen mit der Winterhärte dieser neu auf den deutschen Markt drängenden Sorten gewonnen werden.

Sicher ist nur, dass die Winterhärte der „Japonicas" **unterschiedlich** ist. Das hängt wahrscheinlich damit zusammen, dass die Nord-Süd-Ausdehnung des Heimatlandes Japan einige Tausend Kilometer beträgt und es verschiedene Varietäten der Art mit unterschiedlicher Winterhärte gibt. Eine Untergruppe der „Japonicas", die „Higos", gelten durchweg als besonders winterhart, mit ihren einfachen Blüten eignen sie sich auch besonders für das Freiland. Dem Kamelienliebhaber bleibt deshalb nichts anderes übrig, als sich entweder auf die wenigen Sorten mit bekannter Winterhärte zu beschränken oder es mit anderen Sorten auf eigenes Risiko zu versuchen.

Die Chancen, bei einem solchen Versuch Glück zu haben, sind durchaus beachtlich. Erstens haben Sie etwa eine Drittelchance, dass sich eine Sorte mit unbekannter Winterhärte als winterhart erweist, und zweitens steigt die Erfolgswahrscheinlichkeit mit dem Alter der Pflanze. Bei unseren derzeit oft milden Wintern hat die Pflanze mit etwas Glück einige Jahre lang Gelegen-

'Fuji', eine „Higo"-Kamelie mit ihrer einfachen Blütenform

'Blood of China', eine halbgefüllte Blüte

Blütenformen von Kamelien

- **einfach**: die Staubgefäße sind von einer einzigen Reihe Blütenblätter umgeben. Bei den so genannten „Higos", einer Untergruppe der „Japonicas", ist ein auffälliges Büschel von Staubgefäßen besonders reizvoll;
- **halbgefüllt**: die Staubgefäße sind von zwei oder mehr Reihen von Blütenblättern umgeben;
- **anemonenförmig**: ein Kranz äußerer Blütenblätter umgibt eine Mitte, die aus kleineren, aus Staubgefäßen umgewandelten Blütenblättern besteht;
- **päonienförmig**: gewellte und gekräuselte größere und kleinere Blütenblätter bauen eine fast halbkugelige Blüte mit vereinzelten Staubgefäßen auf;
- **rosenförmig**: mehrere Reihen regelmäßig angeordneter Blütenblätter bilden eine rosettenförmige Blüte, die nur in ganz geöffnetem Zustand einzelne Staubgefäße zeigt;
- **vollständig gefüllt**: viele Reihen meist ziegelartig angeordneter Blütenblätter bilden eine vollständige, oft perfekte Rosette, die keine Staubgefäße mehr erkennen lässt.

'Elegans' mit der typischen Anemonenform

'Debbie' mit päonienförmigen Blüten

'Spring Festival', ihre Blütenform nennt man rosenförmig

'Eximia', eine vollständig gefüllte Blüte, bei der keine Staubgefäße zu sehen sind

heit, sich bei uns einzugewöhnen und abzuhärten.

Und sollte ein extrem harter Winter kommen, müssen Sie bei allen Sorten bangen, auch bei denen, die als relativ winterhart gelten. Bis dahin aber kann die Kamelie so viel Freude bereitet haben, dass sich das Risiko allemal gelohnt hat. Wem ein solches Risiko zu groß erscheint, sollte von Kamelien im Freien ohnehin Abstand nehmen.

Die Auswahl an „Japonicas" ist riesig, selbst wenn man sich – wie wir hier in diesem Buch – auf die Sorten beschränkt, über deren Winterhärte bereits Erfahrungen vorliegen. Ihnen allen gemeinsam ist wunderschönes, meist dunkelgrünes, glänzendes Laub und ein in der Regel buschig-aufrechter Wuchs.

Die **Blütezeit** im Freiland beginnt bei uns in der Regel etwa Mitte März und kann bis in den Mai andauern. Es gibt frühe, mittlere und späte Sorten. Bei einer sehr frühen Sorte, beispielsweise 'Nobilissima', kann man in einem besonders milden Winter sogar im Dezember schon Blüten haben. Beginn und Ende der Blütezeit hängt nicht nur von der Sorte, sondern auch vom Witterungsverlauf ab. Die gleiche Pflanze kann in einem Jahr verhältnismäßig früh, in einem anderen Jahr deutlich später blühen. Die Reihenfolge des Blühbeginns bleibt bei den einzelnen Sorten meist jedoch gleich.

Bei den **Blütenformen** unterscheidet man sechs Hauptformen, zwischen denen es aber viele Übergänge gibt. Oft kommt an einer Pflanze – gleichzeitig oder nacheinander – mehr als eine Form vor. Die Form kann auch mit den Umgebungsverhältnissen (Boden, Licht, Temperatur) variieren. Das erklärt, weshalb bei vielen Sorten mehr als eine Blütenform angegeben ist. Für das Freiland eignen sich am besten einfache und halbgefüllte Sorten, sie saugen sich bei Regen nicht so voll wie beispielsweise päonienförmige Blüten.

Die **Palette der Blütenfarben** reicht von Reinweiß über Zart- oder auch Dunkelrosa bis hin zu Hell- und Tiefrot. Daneben gibt es zweifarbige Sorten: gestreift, gefleckt oder marmoriert, wobei auch hier verschiedene Kombinationen an einer Pflanze vorkommen können. Auch die Blütenfarbe variiert oft mit dem Boden, der Temperatur und dem Alter der Pflanze. Für das Freiland eignen sich in unseren Breiten am besten die helleren und weißen Sorten, da sie sich harmonisch in unsere Frühlingslandschaft einfügen. Das ist allerdings Geschmacksache.

Die **Größe der Blüten** reicht von klein (6 bis 7,5 cm) bis sehr groß (über 13 cm), wobei die Blütengröße im Freiland meist einiges hinter der Blütengröße zurückbleibt, die die gleiche Sorte unter Glas erreicht. Sorten mit sehr großen Blüten sind für das Freiland weniger geeignet, da sie bei Regen stärker leiden.

Duft ist bei den „Japonicas" eine ausgesprochene Seltenheit. Im Freiland ist das allerdings kein großer Nachteil, da der Duft bei den kühlen Temperaturen zur Blütezeit der „Japonicas" ohnehin nicht voll zur Geltung kommen würde.

Der Reiz der „Japonicas" liegt in den **unterschiedlichen Kombinationsmöglichkeiten** von Blütenfarbe und

'Jury's Yellow', eine Williamsii-Hybride, mit auffällig gelber Mitte (Beschreibung siehe S. 108)

-form vor dem Hintergrund des meist dunkelgrün-glänzenden Laubes. Als immergrüne Sträucher sind sie im Garten wegen dieses herrlichen Laubes auch außerhalb der Blütezeit attraktiv, wobei die sich im Sommer bildenden Blütenknospen die Pflanze im Winter zusätzlich schmücken.

Interessante Kamelienzüchtungen

Seit etwa 50 Jahren ist zu den bis dahin fast ausschließlich bekannten „Japonicas" eine stetig wachsende Auswahl an Hybriden hinzugekommen, meist mit einer „Japonica" als einem Elternteil. Einige davon erwiesen sich als winterhärter als die „Japonicas", neueste Sorten wurden sogar speziell im Hinblick auf ihre Winterhärte gezüchtet.

Als erste und auch heute noch wichtigste Gruppe von Hybriden entstanden in den 1940-er Jahren in Großbritannien durch Kreuzung mit der neu entdeckten Art *C. saluenensis* die **Williamsii-Hybriden**, benannt nach ihrem Züchter J. C. Williams von Caerhays Castle in Cornwall. Viele der Williamsii-Hybriden sind **winterhärter** als die „Japonicas", außerdem setzen sie Blütenknospen auch bei **niedrigeren Sommertemperaturen** als für „Japonicas" erforderlich an. Das ist für englische – und auch für unsere – Wetterverhältnisse ein nicht zu unterschätzender Vorteil. Positiv zu bewerten ist auch ihre Eigenschaft, die **älteren Blüten als Ganzes** abzuwerfen. Der so entstehende Blütenteppich sieht sehr dekorativ aus. Die ersten Williamsii-Hybriden hatten einfache oder halbgefüllte Blüten in rosa oder weiß. Die Ausweitung des Angebots auf alle Blütenformen verdanken wir vor allem den Kamelienspezialisten Les Jury in Neuseeland und Nuccio in Kalifornien.

Es gibt auch Kreuzungen mit *C. reticulata* oder deren Hybriden als einem Elternteil. Die meisten Hybriden dieser Gruppe zeigen die Eigenschaften des Reticulata-Elternteils: Sie besitzen besonders **große Blüten**, aber nur eine **geringe Winterhärte**. Hybriden von *C. reticulata* eignen sich deshalb in der Regel nicht fürs Freiland. Eine Ausnahme bilden Kreuzungen von *C. reticulata* mit *C. saluensensis* (oder einer Williamsii-Hybride) als anderem Elternteil. Sie ähneln dann

'Leonard Messel', zwar eine Reticulata-Hybride, aber dennoch winterhart (Beschreibung siehe S. 102)

Williamsii-Hybriden

Sorte	Blütenform	Blütenfarbe
'Anticipation'	PÄON	rosa
'Brigadoon'	HG	rosa
'China Clay'	HG	weiß
'Debbie'	PÄON	rosa
'Donation'	HG	rosa
'Elegant Beauty'	ANEM	rosa
'Jury´s Yellow'	ANEM	mehrfarbig
'Mary Christian'	EINF/HG	rosa

Bedeutung der Abkürzungen siehe Seite 91

mehr diesem anderen Elternteil und besitzen auch dessen Eigenschaften.

Besonders interessant für die Kamelienkultur im Freien sind die **„Ackerman-Hybriden“**, benannt nach ihrem Züchter Dr. William Ackerman. Sie sind speziell mit dem Ziel **besonderer Winterhärte** gezüchtet. Dr. William Ackerman arbeitete am National Arnold Arboretum in Washington/D.C., USA – einer Einrichtung der Harvard Universität, die sich besonders um die Kultivierung winterharter Pflanzen aus allen Ländern bemüht und eine außergewöhnliche Kameliensammlung von über 900 Pflanzen besaß. Dr. Ackerman musste miterleben, wie in zwei besonders strengen Wintern, 1977/78 und 1978/79, die Temperaturen auf –19 °C zurückgingen und dadurch praktisch der gesamte Bestand an ausgepflanzten Kamelien verloren ging. Darunter befanden sich auch die bis dahin als winterhart geltenden Sorten ‘Berenice Boddy’ und ‘Lady Clare’ (Synonym ‘Akashigata’). Nur eine einzige Kamelie zeigte keine Schäden: die herbstblühende Wildart *C. oleifera*, die eigentlich als Nutzpflanze zur Ölgewinnung für die Nahrungsmittel- und die Kosmetikindustrie kultiviert wird.

Tipp:
Das Angebot steigt aller Erfahrung nach mit der Nachfrage. Es lohnt sich, nach „Coldhardy Camellia Hybrids“ aus den USA Ausschau zu halten. Notfalls kann man sich einzelne Pflanzen direkt aus den USA schicken lassen; Bezugsquellen sind im Internet leicht aufzufinden (siehe auch Seite 118f.).

Dr. Ackerman baute auf dieser Wildart eine Versuchsreihe zur Züchtung besonders winterharter Kamelien auf – mit einem eindrucksvollen Ergebnis. Die aktuelle Liste des National Arnold Arboretum führt 15 herbstblühende und 10 frühjahrsblühende „Ackerman-Hybriden“ auf, die sich dort alle als frosthart bis –23 °C, einige sogar bis –26 °C erwiesen haben. In den USA wurde dadurch der Bereich, in dem Kamelien Chancen im Freiland eingeräumt werden, bis auf die Klimazone 6a der amerikanischen Klimazonenkarte ausgeweitet.

Leider ist noch nicht bewiesen, ob diese Angaben auch für unser Klima in Deutschland Gültigkeit haben. Selbst in Großbritannien, wo die Winter erheblich milder sind als bei uns, hegte man durchaus Zweifel. Seit 1995 wird deshalb in Großbritannien mit Hilfe einer breit angelegten Versuchsreihe („Ackerman-Trial“) getestet, ob die „Ackerman-Hybriden“ auch in Europa winterhart sind. Wir nehmen seit Versuchsbeginn mit den weißen Sorten an dieser Versuchsreihe teil und können bisher nur Positives berichten. Allerdings hatten wir seitdem glücklicherweise keine Temperaturen, die auch nur entfernt an die genannten Tiefsttemperaturen heranreichten. Selbst im Extremwinter 1996/97 fielen die Temperaturen in unserem geschützten Garten auf „nur“ –14 °C. Aber auch wir hatten 28 Tage Dauerfrost, davon 21 Tage sogar auch tagsüber. Die Testpflanzen waren noch sehr jung und gerade erst ausgepflanzt. Vielleicht lässt das doch auf besondere Winterhärte schließen.

Leider sind die „Ackerman-Hybri-

„Ackerman-Hybriden"

Sorte	Blütenform	Blütenfarbe
'Snow Flurry'	PÄON	weiß
'Winter's Dream'	HG	rosa
'Winter's Snowman'	HG	weiß
'Winter's Star'	EINF	rosa

Bedeutung der Abkürzungen siehe Seite 91

den" bei uns noch kaum bekannt. Man muss schon sehr suchen, um diese Sorten zu finden. Am ehesten noch sind die **herbstblühenden Sorten** der 'Winter's'-Serie zu finden, beispielsweise 'Winter's Snowman', 'Winter's Dream' oder 'Winter's Star'. Erfahrungen mit diesen Züchtungen an weniger günstigen Standorten sind uns noch nicht bekannt. Eine Ausnahme stellt Dr. Roßbach in Saarbrücken dar, der über seine positiven Erfahrungen bereits vor Jahren in „Camellia", der Zeitschrift der Deutschen Kameliengesellschaft, berichtet hat.

Bei den „Ackerman-Hybriden" handelt es sich in erster Linie um herbstblühende Sorten (*C. oleifera* ist botanisch eng mit *C. sasanqua* verwandt), so dass ihnen bei uns möglicherweise das gleiche Schicksal bevorsteht wie den „Sasanquas". Die Hoffnungen ruhen deshalb vor allem auch auf den neuesten **frühjahrsblühenden Sorten**, über deren Eignung für deutsche Gärten unseres Wissens überhaupt noch keine Erfahrungen vorliegen.

Auch Prof. Dr. Clifford Parks in North Carolina, nach dem eine prachtvolle Reticulata-Hybride benannt wurde, arbeitet an winterharten Züchtungen mit zunehmendem Erfolg. Einer seiner Züchtungserfolge heißt 'Survivor' (deutsch etwa: Überlebenskünstler) – der Name ist Programm.

Daneben gibt es unter den Hybriden einzelne **Raritäten**, die sich keiner größeren Gruppe zuordnen lassen, z.B. die 'Wabisuke'-Sorten, die oft auch zu den „Japonicas" gerechnet werden.

Gartenformen von *C. sasanqua* (Herbstblühende Kamelien)

In ihrem Heimatland Japan ist *C. sasanqua* bereits sehr lange in Kultur – als **Nutzpflanze** für die Ölgewinnung für Küche und Kosmetik. Als Zierpflanzen standen die „Sasanquas" im-

'Snow Flurry', eine nette kleine „Ackerman-Hybride" (Beschreibung s. S. 97)

'Hiryu', eine herbstblühende „Sasanqua" für den kleinen Garten (Beschreibung siehe S. 107)

Sorten von *C. sasanqua*

Sorte	Blütenform	Blütenfarbe
'Baronesa de Soutelinho'	EINF	weiß
'Hiryu'	HG/ROS	rot
'Jewel Box'	EINF	weiß
'Kenkyo'	EINF	weiß
'Lago dei Cigni'	EINF	weiß
'Narumigata'	EINF/HG	weiß
'Navajo'	EINF	mehrfarbig
'Plantation Pink'	EINF	rosa
'Setsugekka'	HG	weiß

Bedeutung der Abkürzungen siehe Seite 91

Vorzüge der „Sasanquas" als ideale Ergänzung zu „Japonicas":

- die **Blütezeit** der „Sasanquas" ist im Herbst, je nach Sorte und Witterungsverlauf bereits ab September und bis in den Dezember hinein;
- sie sind deutlich weniger kalkempfindlich als die „Japonicas", sie stellen also weniger Ansprüche an den **Boden**;
- sie vertragen (ja verlangen sogar) einen erheblich sonnigeren **Standort**, kommen also auch für Gartensituationen in Frage, die für „Japonicas" zu sonnig wären;
- „Sasanquas" duften, was nur ganz wenige „Japonicas" tun; der **Duft** ist zwar etwas fremdartig und gewöhnungsbedürftig, aber außerordentlich reizvoll. Zur herbstlichen Blütezeit der „Sasanquas" kann er an schönen Tagen voll zur Geltung kommen.

mer – und stehen heute noch – im Schatten der „Japonicas". Sie haben kleineres Laub und kleinere Blüten, die ihre Blütenblätter nach wenigen Tagen abwerfen. Die Staubgefäße verbleiben zur großen Freude der Insekten an der Pflanze. Die **Blüten** sind in der Regel einfach oder halbgefüllt, meist auch heller in den Farben, die Variationsbreite ist also insgesamt geringer als bei den bekannteren Japonica-Hybriden.

Dass die „Sasanquas" trotz dieser erstaunlichen Vorzüge kaum in Gärten vorkommen, beruht auf dem verbreiteten Vorurteil ihrer ungenügenden Winterhärte. Dabei ist erwiesen, dass die „Sasanquas" als Pflanze erstaunlich winterhart sind, winterhärter als viele „Japonicas". Problematisch ist die **frühe Blütezeit im Herbst**, so dass die geöffneten Blüten frühen Frösten zum Opfer fallen. Nicht genügend berücksichtigt wird dabei, dass „Sasanquas" am richtigen Standort in günstigen Jahren von September bis in den Dezember hinein blühen können. Ihre Blühsaison ist also länger als bei den „Japonicas" – und das in einer Zeit des Jahres, in der sonst kaum etwas blüht. Wir haben mit „Sasanquas" über viele Jahre sehr gute Erfahrungen gemacht, empfehlen allerdings, möglichst früh blühende Sorten auszuwählen, um schon einen üppigen Flor vor dem ersten Frost genießen zu können. Oft folgt nach dem ersten Frost nochmals eine längere mildere Periode, in der die noch nicht geöffneten Knospen zur Blüte kommen können. Mit „Sasanquas" kann man die Blütezeit der Kamelien im Freien (mit Unterbrechungen durch Frostperioden) auf die Zeit von September bis Mai ausdehnen.

Die schönsten Kamelien nach Farben vorgestellt

Hinweise zu den Sortenbeschreibungen

Auswahl der Sorten
Aus der enormen Sortenvielfalt haben wir ausschließlich solche ausgewählt, bei denen **Erfahrungen mit der Winterhärte in Deutschland** vorliegen. Alle hier aufgeführten Kamelien haben an günstigen Standorten in Deutschland bei richtiger Pflege in „normalen" Wintern eine faire Chance im Freiland. Auf die Unterscheidung verschiedener Abstufungen der Winterhärte wie in unserem Buch „Kamelien" haben wir in diesem Buch deshalb bewusst verzichtet. Dass die Winterhärte nicht nur von den reinen Minus-Temperaturen abhängt, sondern von vielen weiteren Faktoren, wird auf den Seiten 24ff., 28ff. und 31ff. ausführlich besprochen.

Diese Sorten sind keinesfalls die einzigen, die sich für die Freilandkultur eignen. Erstens ließ der Platz eine größere Auswahl nicht zu, und zweitens gibt es höchstwahrscheinlich noch viele weitere Sorten, die sich für die Kultur im Freien eignen könnten, für die aber noch nicht genügend Erfahrungen vorliegen. Die **starke Nachfrage** nach den wenigen Sorten mit erprobter Winterhärte wird schnell für Engpässe sorgen. Folglich werden weitere Sorten vom Ausland auf den Markt drängen, über deren Winterhärte bei uns wiederum keine Erfahrungen vorliegen. Die Chancen stehen gut, dass sich auf diese Weise die Zahl der als winterhart geltenden Sorten bald ausweiten wird.

Bei der Auswahl haben wir versucht, eine möglichst repräsentative Mischung der verschiedenen Kameliengruppen (Sorten von *C. japonica*, von *C. sasanqua* und Hybriden) sowie der Blütenfarben und Blütenformen zu erzielen. Es war dabei unvermeidlich, dass die Sorten von *C. japonica* den größten Anteil einnehmen. Die ganze Palette der Blütenfarben und -formen ist eben nur bei diesen Sorten gegeben. Bei den Williamsii-Hybriden beispielsweise gibt es keine vollständig gefüllten oder rot blühenden Sorten, bei den „Ackerman-Hybriden" keine mehrfarbigen und bei Reticulata-Hybriden keine weiß blühenden Sorten (die einzige weiße Reticulata-Hybride ist nicht winterhart). Alle aufgeführten Sorten sind grundsätzlich **in Deutschland erhältlich**, zumindest bei den im Bezugsquellenverzeichnis genannten spezialisierten Kameliengärtnereien. Davon ausgenommen sind die in Deutschland noch wenig bekannten „Ackerman-Hybriden", was sich hoffentlich bald ändern wird. Dennoch ist damit zu rechnen, dass die hier von uns beschriebenen Sorten sehr gefragt sein werden. Da sie aber gar nicht so schnell nachwachsen können, wird es nicht immer leicht sein, sie zu beschaffen.

Anordnung der Sorten

Für die Gestaltung im Garten erscheint uns die **Blütenfarbe** als das entscheidende Kriterium. Deshalb haben wir die Sorten zunächst in **Farbgruppen** untergliedert: weiß, rosa, rot und mehrfarbig. Innerhalb der Farbgruppen haben wir durchgängig **alphabetisch angeordnet**, ohne Rücksicht auf die jeweiligen Gruppen. Um eine bestimmte Sorte zu finden, wird die Kenntnis der zugehörigen Gruppe also nicht vorausgesetzt.

Beschreibung der Sorten

Die Sortenbeschreibungen sind wie folgt gegliedert:

- **Titelleiste**

– gültiger Name, gegebenenfalls gefolgt von einem Synonym, wenn die Sorte unter diesem besser bekannt ist, zum Beispiel 'Shiragiku' (Syn. 'Purity')
– Gruppe, beispielsweise *C. japonica*
– bei Hybriden, soweit bekannt: beide Elternsorten; die zuerst genannte ist die weibliche Elternsorte, die nach dem x-Zeichen genannte die männliche
– soweit bekannt, der Name des Züchters oder dessen, der sie in Europa bzw. Amerika eingeführt hat
– Herkunftsland
– Jahr der Einführung oder (wenn bekannt) der Züchtung
– Blütenfarbe (markiert durch Farbstrich unter dem Sortennamen)

- **Beschreibender Text**

Der Text ist in die Rubriken „Blüten", „Laub" und „Wuchs" gegliedert, jeweils ergänzt um eine allgemeine Charakterisierung (✿).

- **Symbolleiste**

Die Symbolleiste bietet auf einen Blick die wichtigsten Merkmale: Gruppe, Blütenform und Blütezeit, bei Bedarf ergänzt um ein Standortsymbol für besondere Sonnen- beziehungsweise Schattenverträglichkeit.
Die Abkürzungen/Symbole bedeuten:
– bei den Gruppen:
JAP = Sorte von *C. japonica*
SAS = Sorte von *C. sasanqua*
WILL-HYBR = Williamsii-Hybride
ACK-HYBR = „Ackerman-Hybride"
RET-HYBR = Reticulata-Hybride
HIGO = *C. japonica* „Higo"
HYBR = Sonstige Hybride
– bei der Blütenform:
EINF = einfach
HG = halbgefüllt
ANEM = anemonenförmig
PÄON = päonienförmig
ROS = rosenförmig
VG = vollständig gefüllt
– bei der Blütezeit:
FRÜH = früh blühend (in günstigen Jahren schon ab Dezember), bei „Sasanquas" im Herbst (mit Angabe der Monate)
MITTEL = mitten in der Saison (ab Mitte März)
SPÄT = spät (ab April)
– bei den Standort-Symbolen:
○ verträgt auch volle Sonne
● verträgt auch vollen Schatten

Weiß blühende Kamelien

'Alba Simplex'
C. japonica
Rollison, Tooting Nurseries, Großbritannien, 1813
BLÜTEN: Weiß mit goldgelben Staubgefäßen, einfach und mittelgroß von schlichter Schönheit. Ein Sport von ihr mit rosa Flecken ist als 'Snow Goose' im Handel.
LAUB: dunkelgrün, glänzend, elliptisch
WUCHS: kräftig und locker, baut ein kleines Bäumchen auf
✿ 'Alba Simplex' steht in einigen uns bekannten Gärten seit über zehn Jahren im Freien und hat mindestens einem kalten, langen Winter die Stirn gezeigt.
JAP EINF SPÄT

'Baronesa de Soutelinho'
C. sasanqua
da Silva, Portugal, 1920
BLÜTEN: Weiß und einfach, leichte Schalenform. Die Blütenblätter fallen einzeln ab. Die verbleibenden Staubgefäße, erst goldfarben, dann braun, sehen sehr hübsch aus.

'China Clay', eine edle Blüte

LAUB: mittelgrün, oval
WUCHS: locker-überhängend, gut geeignet als Spalier an einer Süd- oder Westwand
✿ Diese alte portugiesische Sorte blüht immer als erste herbstblühende Kamelie auf, oft schon im September. Ein Traum in dieser Jahreszeit.
SAS EINF FRÜH (9/10) ○

'China Clay'
Williamsii-Hybride; 'J. C. Williams' x 'Marjorie Magnificent'
Gillian Carlyon, Cornwall/Großbritannien, 1973
BLÜTEN: reinweiß, fast durchscheinend; halbgefüllt und groß
LAUB: mittelgrün, oval mit einer kleinen Spitze
WUCHS: aufrecht und locker
✿ Wir haben 'China Clay' seit 1997 ausgepflanzt und haben es nicht bereut. Mit ihren transparenten Blüten passt sie gut in unsere „Märzlandschaft“. Blausternchen und Traubenhyazinthen zu ihren Füßen sehen entzückend aus.
WILL-HYBR HG FRÜH/MITTEL ●

'Cornish Snow'
C. cuspidata x *C. saluenensis*
J. C. Williams, Cornwall/Großbritannien, 1948
BLÜTEN: weiß, einfach und klein. Die sich aus rosa Knospen öffnende Blüte zeigt anfangs noch leicht rosa Schattierungen. Die Blüten erscheinen in Büscheln in den Blattachseln und an den Enden der Zweige.
LAUB: dunkelgrün mit einem Hauch von Purpur, matt und ledrig, schmal und klein
WUCHS: locker, stark verzweigt und

überhängend. Wir haben sie am Gartenzaun entlanggezogen.

✿ 'Cornish Snow' ist äußerst blühfreudig und das über eine sehr lange Zeit. Sie hat bei uns schon von Januar bis April geblüht, war schon völlig unter Schnee begraben und hat danach unerschrocken weitergeblüht, als wäre nichts gewesen.

HYBR EINF MITTEL ○/●

'Fuji'
C. japonica „Higo"
Züchter unbekannt, Japan, 1958

BLÜTEN: Reinweiß mit einem auffallenden Büschel Staubgefäße, so dass die Blüten fast gelb wirken. Einfach und groß in etwas dreieckiger Form wie der Berg Fuji selbst.
LAUB: mittelgrün, groß und stark gezähnt
WUCHS: kräftig und aufrecht

✿ 'Fuji' ist auch etwas für Bonsai-Liebhaber. Sie lässt sich gut in die gewünschte Form ziehen.

HIGO EINF MITTEL/SPÄT

'Hakurakuten'
C. japonica
Züchter unbekannt, Japan, 1934

BLÜTEN: reinweiß, halbgefüllt bis päonienförmig mit auffälligen Staubgefäßen; seidige, große Blütenblätter
LAUB: mittelgrün
WUCHS: kräftig und aufrecht

✿ Es kann vorkommen, dass die ersten Blüten der Saison vollständig gefüllt sind. Die Blüten von 'Hakurakuten' sind selbst gegen schlimme Wetterattacken sehr unempfindlich.

JAP HG/PÄON MITTEL

'Hime Botan'
C. sasanqua
Züchter und Jahr der Einführung unbekannt

BLÜTEN: weiß mit zarter Rosatönung auf der Rückseite der Blütenblätter; rosenförmig, mittelgroß
LAUB: mittelgrün, breit elliptisch
WUCHS: locker

✿ 'Hime Botan' bedeutet „winzige Päonie" (nicht: „Prinzessin Päonie"). Ein passender Name für die locker gefüllte, ausgesprochen zart wirkende, duftende Blüte.

SAS ROS FRÜH (10/11)

'Jewel Box'
C. sasanqua
Nuccio's Nurseries, Kalifornien/USA, 1993

BLÜTEN: weiß mit leichter rosa Tönung an den Spitzen der Blütenblätter, mit einem kleinen Büschel Staubgefäße; einfach und sehr klein mit feinem, orientalischem Duft
LAUB: dunkelgrün, winzig
WUCHS: sehr kompakt und rund

✿ Dieser Zwerg unter den herbstblühenden Kamelien ist auch für den allerkleinsten Garten geeignet, für den normalerweise eine „Sasanqua" viel zu viel Platz in Anspruch nehmen würde.

SAS EINF FRÜH (10/11)

'K. Sawada'
C. japonica
Overlook Nursery, Alabama/USA, 1940

BLÜTEN: reinweiß, vollständig gefüllt bis rosenförmig; sehr edel, groß
LAUB: dunkelgrün, glänzend, oval spitz zulaufend, ledrig

'Kenkyo' an unserer Südwand

WUCHS: kompakt, schmal, aufrecht, von wunderschöner Form

✿ 'K. Sawada' blühte bei uns im Jahr 2001 von Ende Januar bis Mitte April. Die gar nicht so robust aussehenden Blüten sind äußerst wetterbeständig und büßen selbst nach einem Wolkenbruch nichts von ihrer Schönheit ein.

JAP VG/ROS MITTEL

'Kenkyo'

C. sasanqua

Züchter unbekannt, Japan, 1898

BLÜTEN: weiß, einfach, mittelgroß mit gewellten Blütenblättern, Knospen mit rosa Spitze; feiner orientalischer Duft

LAUB: klein, mittelgrün, oval, spitz zulaufend

WUCHS: locker und ausladend

✿ 'Kenkyo' hat sich in den letzten Wintern im Freien in einem großen Tontopf (mit Winterschutz) vor einer Südwand gut bewährt.

SAS EINF FRÜH (10/11) ○

'Lago dei Cigni'

C. sasanqua

Floricoltura Lago Maggiore, Italien, 1985

BLÜTEN: reinweiß, einfach, mittelgroß mit gewelltem Rand wie die Flügel eines Schwans; warmer, märchenhafter Duft

LAUB: mittel- bis dunkelgrün, klein, oval

WUCHS: locker und breit ausladend

✿ 'Lago dei Cigni' ließe sich vom Wuchs her auch sehr gut als Spalier ziehen. Bei uns sind leider alle geeig-

neten Plätze schon besetzt.
SAS EINF FRÜH (9/10) ○

'Lovelight'
C. japonica
Harvey Short, Kalifornien/USA, 1962
BLÜTEN: Reinweiß, halbgefüllt und groß mit dicken, kreppartigen Blütenblättern. Im Mittelpunkt der fast rund wirkenden Blüte steht ein ebenfalls rundes Büschel goldbespitzter, cremefarbener Staubfäden.
LAUB: leuchtend grün und glänzend; sehr groß mit einer Länge bis 15 cm und Breite bis 8 cm.
WUCHS: aufrecht und kräftig
✿ 'Lovelight' ist etwas Besonderes und sollte einen ihr gebührenden Platz im Garten bekommen.
JAP HG MITTEL

'Madame Lourmand'
C. japonica
Guichard Soers, Frankreich, 1910
BLÜTEN: weiß, einfach und groß, mit gelben Staubgefäßen
LAUB: dunkelgrün, mittelgroß
WUCHS: sehr locker und aufrecht
✿ Sie ist bei uns die „Japonica" mit dem transparentesten Wuchs. Sie eignet sich sehr gut für den Hintergrund einer Moorbeetbepflanzung, ist allerdings weniger geeignet für einen prominenten Platz.
JAP EINF MITTEL/SPÄT

'Narumigata'
C. sasanqua
Züchter unbekannt, Japan, 1898, eingeführt in den USA 1930 und in Großbritannien 1931
BLÜTEN: Weiß mit rosa Zeichnung an den Rändern und der Rückseite der Blütenblätter; einfach bis halbgefüllt, mittelgroß mit hübscher Schalenform. Sie gehört zu den am intensivsten duftenden „Sasanquas", ein Märchen aus 1001 Nacht.
LAUB: dunkel olivgrün
WUCHS: stark und ausladend
✿ Die Blüten werden durch ihren Duft, der im Spätherbst sehr ungewöhnlich ist, emsig von Insekten besucht.
SAS EINF/HG FRÜH (11/12) ○

'Nobilissima'
C. japonica
Lefêvre, Belgien, 1834
BLÜTEN: weiß mit cremefarbener Mitte, anemonen- bis päonienförmig; mittelgroß, sehr edel
LAUB: dunkelgrün, rundlich, gezähnt, groß
WUCHS: locker und aufrecht
✿ 'Nobilissima' ist eine der ersten „Japonicas" im Garten, die ihre Blüten öffnen, oft schon zu Weihnachten. Da sie sehr blühwillig ist, bringt man es leichter übers Herz, einige Blüten zur Dekoration abzuschneiden.
JAP ANEM/PÄON FRÜH

'Nuccio's Gem'
C. japonica
Nuccio's Nurseries, Kalifornien/USA, 1970
BLÜTEN: reinweiß, vollständig gefüllt mit dachziegelartig angeordneten Blütenblättern, mittelgroß
LAUB: hellgrün und glänzend, oval
WUCHS: aufrecht, dicht und kräftig
✿ 'Nuccio's Gem' ist als Pflanze durchaus für den Garten geeignet. Man sollte ihr aber einen wettergeschützten Platz reservieren. Nur dort

'Nuccio's Gem'

'Shiragiku' (Syn. 'Purity')

können ihre Blüten die Perfektion erreichen, für die 'Nuccio's Gem' berühmt ist.
JAP VG MITTEL/SPÄT

'Setsugekka' (Syn. 'Wavy White'/'Fluted White')
C. sasanqua
Jisuke Minagawa, Japan, 1898
BLÜTEN: weiß, halbgefüllt mit stark gewellten Blütenblättern und goldgelben Staubgefäßen. Eine Blüte von großer Anmut, gekrönt von einem herrlich warmen Duft.
LAUB: dunkelgrün, matt glänzend, oval, relativ klein
WUCHS: locker, überhängend, sehr grazil
✿ Ihre Synonyme 'Wavy White' (wogendes Weiß) und 'Fluted White' (gekräuseltes Weiß) sind sehr treffend gewählt. Sie steht bei uns das ganze Jahr über in einem großen Tontopf im Garten (im Winter mit Winterschutz). Liebend gerne würden wir sie auspflanzen, allein aus Platzmangel müssen wir davon absehen. Wie alle „Sasanquas" weiß sie einen sonnigen Standort zu schätzen.
SAS HG FRÜH/MITTEL (10/11) ○

'Shiragiku' (Syn. 'Purity')
C. japonica
Züchter unbekannt, Japan, 1681
BLÜTEN: weiß, vollständig gefüllt und mittelgroß; die vollständig geöffnete Blüte wirkt rosenförmig
LAUB: breit elliptisch, sehr dicht
WUCHS: aufrecht, kräftig, sehr dicht
✿ 'Shiragiku' bedeutet „Weiße Chrysantheme", ein wahrlich treffender Name – bis auf die Blütezeit. Wer hat schon im März/April Chrysanthemen in Hülle und Fülle?
JAP VG/ROS MITTEL/SPÄT

'Shirobotan'
C. japonica
K. Sawada, Alabama/USA, 1949
BLÜTEN: reinweiß, halbgefüllt bis päonienförmig, mittelgroß; sehr anmutige, feminin wirkende Blüte
LAUB: leuchtend grün, glänzend, breitoval, mittelgroß, sehr schön
WUCHS: aufrecht, kräftig
✿ Eine attraktive Sorte, bei der alles stimmt: Wuchs, Laub, die hübsche Blüte, die genauso unempfindlich gegen Regen ist wie 'K. Sawada' , nicht zu vergessen ihre Winterhärte. Sie hat in dem extrem kalten Winter 1996/97

bei uns im Garten ohne Winterschutz weder ein Blatt noch eine Knospe verloren.
JAP HG/PÄON MITTEL

'Snow Flurry'
„Ackerman-Hybride"
C. oleifera x 'Frost Princess'
Dr. W. Ackerman, D.C./USA 1986
BLÜTEN: reinweiß, anemonen- bis päonienförmig; klein, sehr blühfreudig
LAUB: mittelgrün, mattglänzend, oval, ledrig
WUCHS: wird genauso breit wie hoch
✿ 'Snow Flurry' sieht besonders entzückend aus, wenn sie über ein Mäuerchen wachsen kann – wie ein vorzeitiges „Schneegestöber".
ACK-HYBR PÄON FRÜH (10/11)

'Snowman'
C. japonica
W. Stewart, Georgia/USA, 1964
BLÜTEN: Reinweiß, halbgefüllt mit gedrehten inneren Blütenblättern, aus denen vorwitzig vereinzelte Staubgefäße hervorschauen. Die erhöhte Blütenmitte erinnert wirklich an einen Schneemann.
LAUB: dunkelgrün, glänzend und schmal
WUCHS: locker, buschig, wächst zu einem Bäumchen heran
✿ Wir haben eine große 'Snowman' seit Jahren in einem großen Tontopf ganzjährig im Freien stehen. Natürlich wird der Topf (nicht die Pflanze) im Winter gut eingepackt. Wie es sich für einen ordentlichen „Schneemann" gehört, hat er sich bisher als winterfest erwiesen.
JAP HG MITTEL

'Triphosa'
C. japonica
Züchter unbekannt, aus Europa in die USA eingeführt (Magnolia Gardens, Georgia), 1938
BLÜTEN: reinweiß, halbgefüllt, leicht schalenförmig mit einem sehr akkuraten Büschel Staubgefäße; groß und ausgesprochen formschön
LAUB: dunkelgrün, glänzend, elliptisch, zuweilen etwas gedreht
WUCHS: aufrecht und dicht
✿ 'Triphosa' wächst für eine Kamelie relativ schnell und hat sich selbst in weniger geschützter Lage in den letzten Wintern gut bewährt.
JAP HG MITTEL

'White Nun'
C. japonica, Sämling von 'Gauntlettii'
McCaskill, Kalifornien/USA 1959
BLÜTEN: reinweiß, halbgefüllt, mit dicken Blütenblättern; wirkt sehr edel durch die große Blüte
LAUB: leuchtend grün, glänzend, ebenfalls sehr groß (bis 15 cm lang und 8 cm breit)
WUCHS: kräftig und aufrecht
✿ 'White Nun' ist unsere Kamelie mit den größten Blüten. An einem kleinen Strauch sieht es fast unwirklich aus, an einem älteren stimmt das Größenverhältnis wieder.
JAP HG MITTEL

'Winter's Snowman'
„Ackerman-Hybride"
Dr. W. Ackermann, Washington D.C./USA, 1997
BLÜTEN: weiß, halbgefüllt und klein
LAUB: dunkelgrün, mattglänzend, klein
WUCHS: kräftig und locker
✿ Hier noch ein kleiner „Schnee-

Weiß blühende Kameliensorten

Sorte	Gruppe	Blütenform
'Alba Simplex'	Jap	EINF
'Baronesa de Soutelinho'	Sas	EINF
'China Clay'	Will-Hybr	HG
'Cornish Snow'	Sonst. Hybr	EINF
'Fuji'	Higo	EINF
'Hakurakuten'	Jap	HG/P
'Jewel Box'	Sas	EINF
'K. Sawada'	Jap	VG
'Kenkyo'	Sas	EINF
'Lago dei Cigni'	Sas	EINF
'Lovelight'	Jap	HG
'Madame Lourmand'	Jap	EINF
'Narumigata'	Sas	EINF/HG
'Nobilissima'	Jap	ANEM
'Nuccio´s Gem'	Jap	VG
'Setsugekka'	Sas	HG
'Shiragiku' (Syn. 'Purity')	Jap	VG/ROS
'Shirobotan'	Jap	HG/PÄON
'Snow Flurry'	Ack-Hybr	PÄON
'Snowman'	Jap	HG
'Triphosa'	Jap	HG
'White Nun'	Jap	HG
'Winter´s Snowman'	Ack-Hybr	HG
'Yukimiguruma'	Jap	EINF

Bedeutung der Abkürzungen siehe Seite 91

mann". Da die Blütezeit zwischen Mitte November und Ende Dezember fällt, kann es vorkommen, dass die Blüten dick verschneit sind. Ein zauberhafter Anblick, besonders am Abend.
ACK-HYBR HG FRÜH (11/12)

'Yukimiguruma'
C. japonica
Züchter unbekannt, Japan, 1859
BLÜTEN: weiß, einfach, mit einem großen, lockeren Büschel Staubgefäße
LAUB: dunkelgrün, breit elliptisch, klein
WUCHS: locker und unregelmäßig
✿ 'Yukimiguruma' steht bei uns seit 1995 ausgepflanzt im Garten und hat noch nie einen Winterschaden erlitten. Wegen ihres „Higo-ähnlichen" Aussehens wird sie oft als solche angeboten, stammt aber aus dem Gebiet des Edo-Flusses (bei Tokio).
JAP EINF MITTEL/SPÄT

Rosa blühende Kamelien

'Anticipation'
Williamsii-Hybride
C. saluenensis x *C. japonica*
Les Jury, Neuseeland, 1962
BLÜTEN: leuchtend karmesinrosa, päonienförmig, groß
LAUB: mittelgrün, glänzend, oval zugespitzt
WUCHS: aufrecht, schlank und kompakt
✿ 'Anticipation' blüht sehr üppig und hat die angenehme Eigenschaft, ihre Blüten unmittelbar vor dem Verwelken als Ganzes abzuwerfen. Dank ihrer Wuchseigenschaften die ideale Kamelie für eine kostbare Hecke.
WILL-HYBR PÄON FRÜH/MITTEL ○/●

'Barbara Woodroof'
C. japonica
W.E. Woodroof, Kalifornien/USA, 1956
BLÜTEN: ein Hauch von Rosa, anemonenförmig, aber auch etwas an eine Seerose erinnernd; mittelgroß bis groß
LAUB: dunkelgrün und gesund
WUCHS: locker und breit, wie bei 'Elegans'
✿ Als Sport von 'Elegans' hat sie die gleichen guten Eigenschaften, auch was die Winterhärte betrifft.
JAP ANEM FRÜH/MITTEL

'Berenice Boddy'
C. japonica
Descanso-Jones, Kalifornien/USA 1947
BLÜTEN: zartrosa mit dunklerer Tönung auf der Rückseite der Blütenblätter, wodurch die geöffnete Blüte heller als die noch geschlossene wirkt; halbgefüllt und mittelgroß
LAUB: dunkelgrün, ledrig, elliptisch
WUCHS: kräftig, aufrecht und locker
✿ Sehr reichblütig und über einen langen Zeitraum. Schade, dass diese entzückende Sorte so selten in Gärten zu sehen ist.
JAP HG MITTEL

'Billie McCaskill'
C. japonica
McCaskill Gardens, Kalifornien/USA 1955
BLÜTEN: Weiches Rosa, halbgefüllt, tief gekerbte Blütenblätter; mittelgroß. Besonders reizvoll sind die halbgeöffnete Blüte und die langen Knospen.
LAUB: mittelgroß, dunkelgrün, elliptisch
WUCHS: aufrecht und kompakt
✿ 'Billie McCaskill' hat sich seit Jahren im Essener Gruga-Park bestens bewährt. Bisher ist sie kaum erhältlich. Aber das kann sich ja ändern.
JAP HG MITTEL/SPÄT

'Brigadoon'
Williamsii-Hybride
C. saluenensis x 'Princess Baciocchi'
Armstrong, Kalifornien/USA 1962
BLÜTEN: leuchtend rosa, halbgefüllt, groß
LAUB: dunkelgrün, fein gezähnter Blattrand
WUCHS: locker und aufrecht
✿ 'Brigadoon' wächst seit Jahren im Gruga-Park in Essen und erfreut mit einem wahren „Blütenspektakel".
WILL-HYBR HG MITTEL ○/●

'Debbie'
Williamsii-Hybride
C. saluenensis x 'Debutante'
Les Jury, Neuseeland, 1966

BLÜTEN: leuchtendes Pink, perfekte, päonienförmige Blüten; mittelgroß und sehr wetterbeständig
LAUB: hell olivgrün, matt glänzend
WUCHS: kräftig, locker und aufrecht
✿ 'Debbie' ist eine der bekanntesten Kamelien und ausgesprochen blühfreudig. Sehr hübsch sieht es auch aus, wenn ihre Blüten abfallen und sich wie ein Teppich unter ihr ausbreiten.
WILL-HYBR PÄON FRÜH/SPÄT ●

'Donation'
Williamsii-Hybride
C. saluenensis x 'Masayoshi' (Syn. 'Donckelaeri')
Col. S.R. Clarke, Sussex/Großbritan nien, 1941

BLÜTEN: weiches Rosa mit dunklerer Äderung, halbgefüllt, groß
LAUB: dunkelgrün, glänzend
WUCHS: kräftig, kompakt und formschön
✿ 'Donation' gehört zu den besten Gartensträuchern, die je gezüchtet wurden. Diese Kamelie besitzt wunderschöne Blüten in Hülle und Fülle über eine lange Zeit. Selbst wenn einige einmal erfrieren sollten, braucht man sich nicht zu grämen: Es werden unverzüglich wieder neue aufblühen. „Donation" bedeutet auch „Gabe" – diese Blühfreudigkeit ist wirklich eine Gabe!
WILL-HYBR HG MITTEL ○/●

'Elegans'
C. japonica
Chandler, Großbritannien, 1831 (1823)

BLÜTEN: dunkelrosa mit weißen Flecken an den inneren Blütenblättern, anemonenförmig, mittelgroß
LAUB: dunkelgrün, glänzend, relativ groß
WUCHS: breit und locker verzweigt
✿ 'Elegans' ist eine altbekannte und -bewährte Sorte, die schon viele Liebhaber gefunden hat. Seit vielen Jahren steht sie im Gruga-Park in Essen, seit 20 Jahren bei einem Kamelienfreund in Aachen und sogar auf fast 700 m Höhe im Tessin.
JAP ANEM FRÜH/MITTEL

'Elegant Beauty'
Williamsii-Hybride
C. saluenensis x 'Elegans'
Les Jury, Neuseeland, 1962

BLÜTEN: dunkelrosa, halbgefüllt bis anemonenförmig, groß
LAUB: dunkelgrün und glänzend
WUCHS: locker, breit und aufrecht
✿ 'Elegant Beauty' blüht üppig und eignet sich auch sehr gut als Spalier. Sie hat sich bereits über viele Jahre als „Freilandkamelie" von ihrer besten Seite gezeigt. Seit kurzem steht sie auch im Frankfurter „Nizza", einer öffentlichen Anlage am Mainufer.
WILL-HYBR HG/ANEM MITTEL/SPÄT ○/●

'Hagoromo'
C. japonica
Züchter unbekannt, Japan, 1859

BLÜTEN: zartestes Rosa, fast weiß, halbgefüllt, an Magnolienblüten erinnernd, mittelgroß

'Debbie', durch ihre Blühfreudigkeit und Leuchtkraft eine der beliebtesten Kamelien

'Elegant Beauty'

LAUB: hellgrün, gewölbt, spitz zulaufend
WUCHS: schlank und kompakt
✿ Mit Recht ist 'Hagoromo' eine der beliebtesten Sorten. Sie steht nicht nur seit über 20 Jahren ausgepflanzt und inzwischen ohne jeglichen Winterschutz als stattliche Pflanze im Essener Gruga-Park, sondern inzwischen auch im Frankfurter „Nizza", hier als großes Exemplar gepflanzt. Aber auch durch ihre wunderschönen Blüten mit dem zarten Farbton harmoniert sie gut mit anderen Farben. „Engelsrobe", die japanische Bedeutung des Namens, ist sehr passend.
JAP HG MITTEL ●

'Hatsuwarai'
C. japonica „Higo"
Züchter unbekannt,
Japan, 1956
BLÜTEN: hellrosa mit etwas dunklerer Mitte; ein dickes Bündel Staubgefäße (das auffällige Merkmal aller „Higo"-Kamelien); einfach, mittelgroß
LAUB: mittelgroß, elliptisch, stark gedert
WUCHS: locker und unregelmäßig
✿ 'Hatsuwarai' hat sich als sehr robuste Pflanze für den Garten erwiesen – obwohl die Blüten so zart und unschuldig wirken.
HIGO EINF MITTEL/SPÄT

'Inspiration'
Reticulata-Hybride
C. reticulata x *C. saluenensis*
F. Hanger, Exbury Gardens,
Großbritannien, 1954
BLÜTEN: dunkelrosa, halbgefüllt, mittelgroß
LAUB: klein, schmal, glänzend
WUCHS: dicht und aufrecht
✿ Ein ähnliches Blühwunder wie 'Donation'
RET-HYBR HG MITTEL ○/●

'Leonard Messel'
Reticulata-Hybride
C. reticulata x *C.* x *williamsii*-Hybr. 'Mary Christian'
Col. Messel, Nymans,
Großbritannien,1958
BLÜTEN: rosa, halbgefüllt, groß
LAUB: rau und matt
WUCHS: kräftig und kompakt
✿ 'Leonard Messel' ist ausgesprochen winterhart dank ihrer Abstammung von 'Mary Christian'.
RET-HYBR HG FRÜH/SPÄT ○/●

'Mary Christian'
Williamsii-Hybride
J.C. Williams, Cornwall/
Großbritannien, 1942
BLÜTEN: rosa, einfach bis halbgefüllt, mittelgroß
LAUB: dunkelgrün, matt
WUCHS: aufrecht, zierlich, locker
✿ Sehr winterhart. Für Freunde von panaschiertem Laub käme ihr Sport 'Golden Spangles' in Frage.
WILL-HYBR EINF/HG MITTEL ●

'Mrs. Tingley'
C. japonica
J.H. Ward Hinkson,
Pennsylvania/USA, 1948
BLÜTEN: hell lachsrosa, vollständig gefüllt, sehr formal, mittelgroß
LAUB: mittelgrün und glänzend
WUCHS: aufrecht und buschig
✿ 'Mrs. Tingley' eignet sich auch sehr gut für einen schönen, großen Topf (mit Winterschutz!).
JAP VG FRÜH/MITTEL

'Plantation Pink'
C. sasanqua
E.G. Waterhouse, Australien, 1948
BLÜTEN: pinkfarben, einfach, leicht schalenförmig, mittelgroß
LAUB: dunkelgrün, glänzend
WUCHS: kräftig und baumartig
✿ Eine herbstblühende Kamelie, bei der die Blütenfarbe mit dem dunklen Laub harmonisch wirkt, gekrönt von einem leichten orientalischen Duft.
SAS EINF FRÜH (10/11)

'Spring Festival'
Hybride von *C. cuspidata*
Domoto, Kalifornien/USA, 1976
BLÜTEN: weiches Rosa, zur Mitte heller werdend, rosenförmig, sehr klein
LAUB: klein
WUCHS: schmal, kompakt, aufrecht
✿ Diese in allem zierliche Kamelie hat sich als sehr winterhart erwiesen; sei es im Gruga-Park in Essen oder seit über zehn Jahren bei Kamelienfreunden im Mittelgebirge (Tiefsttemperatur 1996/97 war –19 °C!). Und wir freuen uns schon auf eine üppig blühende 'Spring Festival' im Frankfurter „Nizza".

'Winter's Dream'
"Ackerman-Hybride"
'Peach Puff' x *C. oleifera*
Dr. W. Ackerman, Maryland/USA 1988
BLÜTEN: rosa, halbgefüllt, klein bis mittelgroß
LAUB: sattgrün, glänzend
WUCHS: kompakt aufrecht
✿ Eine der Ackerman-Kreuzungen, auf denen so große Hoffnungen bezüglich der Winterhärte ruhen. In den USA winterhart bis –23 °C – bei uns muss dieser Beweis erst noch erbracht werden.
ACK-HYBR HG FRÜH (10/11)

'Mrs. Tingley' mit perfekt gefüllter Blüte

'Winter's Star'
„Ackerman-Hybride"
C. oleifera x 'Showa-no-Sakae'
Dr. W. Ackerman, Maryland/USA, 1988
BLÜTEN: lavendelrosa, einfach, mittelgroß
LAUB: dunkelgrün, matt
WUCHS: aufrecht, dicht
✿ Der warme, orientalische Duft ist

Rosa blühende Kameliensorten

Sorte	Gruppe	Blütenform
'Anticipation'	Will-Hybr	PÄON
'Barbara Woodroof'	Jap	ANEM
'Berenice Boddy'	Jap	HG
'Billie McCaskill'	Jap	HG
'Brigadoon'	Will-Hybr	HG
'Debbie'	Will-Hybr	PÄON
'Donation'	Will-Hybr	HG
'Elegans'	Jap	ANEM
'Elegant Beauty'	Will-Hybr	ANEM
‚Hagoromo'	Jap	HG
'Hatsuwarai'	Higo	EINF
'Inspiration'	Ret-Hybr	HG
‚Leonard Messel'	Ret-Hybr	HG
'Mary Christian'	Will-Hybr	EINF/HG
'Mrs. Tingley'	Jap	VG
'Plantation Pink'	Sas	EINF
'SpringFestival'	Sonst. Hybr	ROS
'Winter´s Dream'	Ack-Hybr	HG
'Winter´s Star'	Ack-Hybr	EINF

Bedeutung der Abkürzungen siehe Seite 91

wie ein Geschenk im spätherbstlichen Garten.
ACK-HYBR EINF FRÜH (10/11)

Rot blühende Kamelien

'Adolphe Audusson'
C. japonica
H. Guichard/A. Audusson, Frankreich 1877

BLÜTEN: kirschrot, halbgefüllt mit einem deutlichen Büschel Staubgefäße, groß
LAUB: dunkelgrün, glänzend, grob gesägt
WUCHS: kräftig, aufrecht, kompakt

✿ *Die* rote Kamelie für Anfänger: sehr blühfreudig und winterhart. 'Adolphe Audusson' ist bei vielen Kamelienfreunden im Garten ausgepflanzt, selbst im Mittelgebirge und in relativ freien Lagen. Auch im Frankfurter „Nizza" ist sie neuerdings zu bewundern.
JAP HG FRÜH ●

'Black Lace'
Reticulata-Hybride
'Donation' x *C. reticulata* 'Crimson Robe'
L.W. Ruffin, Mississippi/USA 1971

BLÜTEN: dunkel samtig rot, mit an Spit-

'Coquettii' kann je nach Temperatur vollständig- oder halbgefüllte, auch päonien- oder rosenförmige Blüten haben

ze erinnernden Blütenblatträndern; vollständig gefüllt, groß
LAUB: dunkelgrün, glänzend, mittelgroß
WUCHS: aufrecht und dichtbuschig
✿ Durch die relativ späte Blütezeit wird es kaum vorkommen, dass ihre schön geformten Blüten einem Frost zum Opfer fallen. Sie ist im Schaugarten von Peter Fischer in Wingst ausgepflanzt.
RET-HYBR VG SPÄT ○/●

'Blood of China'
C. japonica
Stoutz/Rubel, Alabama/USA, (1905) 1938
BLÜTEN: johannisbeerrot, halbgefüllt bis locker päonienförmig, mittelgroß
LAUB: dunkelgrün, breit elliptisch
WUCHS: aufrecht und kompakt
✿ 'Blood of China' ist ideal als Blickfang.
JAP HG/PÄON MITTEL/SPÄT

'Coquettii' (Syn. 'Glen 40')
C. japonica
Tourres, Frankreich, 1839
BLÜTEN: tiefrot, vollständig gefüllt, je nach Temperatur auch halbgefüllt; päonienförmig oder sogar rosenförmig, groß
LAUB: dunkelgrün, glänzend
WUCHS: buschig, kompakt, langsam wachsend
✿ Peter Fischer schreibt: „Als Sorte für den Garten außerordentlich bewährt. Die Blütenfarbe ist im Freiland

'Grand Prix' macht ihrem Namen alle Ehre

unübertroffen wetterbeständig und farbstabil." Es ist schon beeindruckend, eine große 'Coquettii' über und über mit Blüten bedeckt zu sehen. Aber auch in der „restlichen" Zeit ist sie ein schön geformter, attraktiver Strauch.
JAP VG/HG/PÄON/ROS MITTEL/SPÄT

'Eximia'
C. japonica
Chandler, Großbritannien, 1819
BLÜTEN: dunkelrosarot, vollständig gefüllt, mittelgroß
LAUB: mittelgrün, sehr glänzend und schön
WUCHS: kräftig und aufrecht
✿ Eine alte, zuverlässige Sorte.
JAP VG MITTEL/SPÄT

'Freedom Bell'
Hybride unbekannter Abstammung, Nuccio's Nurseries, Kalifornien/USA, 1965
BLÜTEN: leuchtend hellrot, halbgefüllt, glockenförmig, klein bis mittelgroß
LAUB: dunkelgrün, stark geädert und gezähnt
WUCHS: aufrecht und dicht

Rot blühende Kameliensorten

Sorte	Gruppe	Blütenform
'Adolphe Audusson'	Jap	HG
'Black Lace'	Ret-Hybr	VG
'Blood of China'	Jap	HG/PÄON
'Coquettii'	Jap	VG/HG/PÄON/ROS
'Eximia'	Jap	VG
'Freedom Bell'	Sonst. Hybr	HG
'Grand Prix'	Jap	HG
'Guilio Nuccio'	Jap	HG
'Hiodoshi'	Higo	EINF
'Hiryu'	Sas	HG/ROS
Bedeutung der Abkürzungen siehe Seite 91		

✿ 'Freedom Bell' blüht sehr fleißig und hat sich als sehr winterhart erwiesen

HYBR HG FRÜH/MITTEL ●

'Grand Prix'

C. japonica

Nuccio's Nurseries, Kalifornien/USA, 1968

BLÜTEN: leuchtend rot, halbgefüllt, sehr groß

LAUB: mittelgrün, breit elliptisch, groß

WUCHS: kräftig mit langen Zweigen

✿ 'Grand Prix' lässt sich durch ihren Wuchs gut an einer Mauer oder an einem Zaun ziehen.

JAP HG MITTEL ●

'Guilio Nuccio'

C. japonica

Nuccio's Nurseries, Kalifornien/USA, 1955

BLÜTEN: leuchtendes Korallen-Rosarot, halbgefüllt mit großen, gewellten Blütenblättern, sehr groß

LAUB: groß, leicht hängend, ab und zu „Fishtail"-Form

WUCHS: kräftig und ausladend

✿ Sie gehört zu den schönsten „Japonicas", die bisher gezüchtet wurden.

JAP HG MITTEL

'Hiodoshi'

C. japonica „Higo"

Züchter unbekannt, Japan, 1912

BLÜTEN: scharlachrot, einfach, weiße Staubgefäße, groß

LAUB: mittelgroß, elliptisch

WUCHS: kompakt und unregelmäßig

✿ Eine „Higo"-Kamelie, die bei Peter Fischer schon viele Jahre zuverlässig blüht und überwintert.

HIGO EINF MITTEL

'Hiryu'

C. sasanqua

(Untergruppe *C.* x *vernalis)*

Züchter unbekannt, Japan, 1847

BLÜTEN: karmesinrot, erst rosenförmig, geöffnet dann halbgefüllt, klein

LAUB: dunkelgrün, sehr schön

WUCHS: gedrungen und kleinwüchsig

✿ Eine üppig blühende Kamelie für den kleinen Garten, die sich als beson-

'Collettii'

ders winterhart erwiesen hat.
SAS HG/ROS FRÜH ○

Mehrfarbige Kamelien

'Collettii'
C. japonica
J. Makoy, Belgien, 1838

BLÜTEN: samtiges Rot mit großen weißen Flecken, oder weiß mit roten Flecken (alle Zwischenstufen sind möglich); päonienförmig, mittelgroß
LAUB: dunkelgrün, rundlich, grob gesägt
WUCHS: buschig und langsam
✿ 'Collettii' ist etwas für Liebhaber des Auffälligen.
JAP PÄON MITTEL

'Gigantea' (Syn. 'Kilvingtonia')
C. japonica
Züchter unbekannt, Großbritannien, 1830

BLÜTEN: himbeerrot, unregelmäßig weiß marmoriert, halbgefüllt bis rosen- oder päonienförmig, groß
LAUB: graugrün, lanzettlich, groß, attraktiv
WUCHS: locker und überhängend
✿ Eine sehr alte und dekorative Sorte.
JAP HG/ROS/PÄON MITTEL

'Hikarugenji' (Syn. 'Herme')
C. japonica
Züchter unbekannt, Großbritannien, 1859

BLÜTEN: dunkelrosa mit weißer Umrandung und marmoriert mit einem noch dunkleren Rosa („harlekinfarben"); halbgefüllt bis päonienförmig, groß
LAUB: lanzettlich, hellgrün
WUCHS: aufrecht und schlank
✿ Eine Kamelie für einen schmalen Platz im Regenschatten, da die Blüten strömenden Regen nicht mögen.
JAP HG/PÄON MITTEL

'Jury's Yellow'
Williamsii-Hybride
(*C. saluenensis* x 'Daikagura') x 'Gwenneth Morey'
Les Jury, Neuseeland, 1976

BLÜTEN: weiß mit auffälliger gelber Mitte (Gesamtwirkung eher gelb); anemonenförmig, mittelgroß
LAUB: mittelgrün, breit elliptisch, spitz zulaufend, glänzend
WUCHS: buschig und kompakt, sehr schön
✿ 'Jury's Yellow' ist die ideale Kamelie für Anfänger, die ja erst einmal ein Erfolgserlebnis brauchen. Mit ihr kann man eigentlich nur Freude haben: eine sehr lange Blütezeit, eine seltene Farbkombination, ein schöner Wuchs und Widerstandsfähigkeit – nicht nur, was die Minustemperaturen betrifft, sondern auch gegenüber kleineren Pflegefehlern.
WILL-HYBR ANEM MITTEL/SPÄT ●

'Kick-Off'
C. japonica
Nuccio's Nurseries, Kalifornien/USA, 1962

BLÜTEN: hellrosa mit feinen, unregelmäßigen, dunkleren Streifen; päonienförmig, sehr groß
LAUB: mittelgrün, elliptisch
WUCHS: kräftig, aufrecht und kompakt
✿ Ein Blickfang im Garten über viele Wochen.
JAP PÄON FRÜH/MITTEL

'Lady Vansittart'
C. japonica
Züchter unbekannt, von Van Houtte aus Japan 1877 nach Belgien eingeführt

BLÜTEN: weiß mit rosa Zeichnungen, halbgefüllt, mittelgroß; nicht immer zuverlässig
LAUB: dunkelgrün, glänzend, ähnlich der Stechpalme
WUCHS: dicht, kompakt und langsam
✿ Durch den harmonischen Wuchs auch gut geeignet für einen schönen großen Topf (Winterschutz nötig!).
JAP HG MITTEL/SPÄT ○

'Masayoshi' (Syn. 'Donckelaeri')
C. japonica
Züchter unbekannt, Japan 1788

BLÜTEN: kirschrot mit unregelmäßigen weißen Flecken, die mit dem Rot verschmelzen; halbgefüllt, groß
LAUB: mittelgrün, glänzend, elliptisch
WUCHS: langsam und buschig
✿ Eine beliebte und altbewährte Sorte. Schon 1838 beschrieb Abbé Berlèse sie in seinem Buch „Beschreibung und Cultur der Camellia" mit einem Wort: „prachtvoll".
JAP HG MITTEL ○

'Tricolor' mit unterschiedlichen Blütenfarben an einem Strauch (siehe S. 111)

'Mikuni-no-homare'
C. japonica „Higo"
Sport von 'Higo-kyô-nishiki', Züchter unbekannt, Japan, 1960

BLÜTEN: zart rosafarben mit feiner dunklerer Äderung und mit einem dicken Büschel hellgelber Staubgefäße; einfach, groß
LAUB: breit elliptisch, an den Rändern gewellt
WUCHS: unregelmäßig
✿ Eine „Higo"-Kamelie, die bei Peter Fischer in Wingst schon viele Jahre zuverlässig blüht und überwintert.
HIGO EINF MITTEL/SPÄT

Mehrfarbige Kameliensorten

Sorte	Gruppe	Blütenform
'Collettii'	Jap	PÄON
'Gigantea'	Jap	HG/ROS/PÄON
'Hikarugenji' (Syn. 'Herme')	Jap	HG/PÄON
'Jury´s Yellow'	Will-Hybr	ANEM
'Kick-Off'	Jap	PÄON
'Lady Vansittart'	Jap	HG
'Masayoshi' (Syn. 'Donckelaeri')	Jap	HG
'Mikuni-no-homare'	Higo	EINF
'Navajo'	Sas	EINF
'Showa-wabisuke'	Sonst. Hybr	EINF
'Tricolor'	Jap	HG
'Ville de Nantes'	Jap	HG

Bedeutung der Abkürzungen siehe Seite 91

'Navajo'

C. sasanqua
Züchter unbekannt, Japan
eingeführt von Nuccio's Nurseries, 1956

BLÜTEN: Aus dunkelpinkfarbenen Knospen entfaltet sich eine ebenso gefärbte halbgefüllte Blüte, deren gewellte Blütenblätter sehr bald im Inneren weiß werden und von einem breiten farbigen Rand gesäumt werden.
LAUB: dunkelgrün, mattglänzend, schmal
WUCHS: aufrecht und locker
✿ Eine sehr hübsche Blüte, die auch noch angenehm duftet. Zweifarbige Blüten sind bei den „Sasanquas" selten.
SAS HG FRÜH (10/11) ○

'Showa-wabisuke' ('Hatsukari')

Wabisuke-Kamelie
Züchter unbekannt, Japan, 1938

BLÜTEN: Zartestes Rosa mit dunklerer Tönung an den äußeren Blütenblättern und im Innern der Blüte. Fünf Blütenblätter bilden eine einfache kleine, röhrenförmige, intensiv duftende Blüte.
LAUB: schmal, elliptisch, gewölbt, dunkelgrün
WUCHS: aufrecht, buschig
✿ Einmal eine andere Art aus Japan: die 'Wabisuke'-Kamelien bestechen durch ihre einfache Schönheit, die ganz besonders reizvoll in der Gartengestaltung wirkt. Es gibt auch Sorten in einfarbigem Rosa und in Weiß. Unsere weiße 'Shiro-wabisuke' ist ein echter „Gartenschatz".
WAB EINF MITTEL

'Mikuni-no-homare', zartrosa, mit feiner dunkler Äderung (siehe S. 109)

'Tricolor'

C. japonica

Züchter unbekannt, von F. von Siebold aus Japan nach Europa eingeführt, 1829

BLÜTEN: weiß mit unregelmäßigen rosafarbenen Streifen, aber auch einfarbig dunkelrosa oder mit weißen und roten Markierungen; halbgefüllt, mittelgroß

LAUB: mittelgrün, lanzettlich

'Freedom Bell' in leuchtend hellem Rot (Beschreibung siehe S. 106)

WUCHS: buschig und kompakt

✿ Eine sehr lohnende Sorte für den Garten, da winterhart und äußerst blühfreudig; jede Blüte ist eine neue Überraschung.

JAP HG MITTEL

'Ville de Nantes'

C. japonica

Heurtin, Frankreich, 1897

BLÜTEN: dunkelrot mit unregelmäßigen weißen Flecken und Maserungen; halbgefüllt mit imposanten gefransten und gedrehten Blütenblättern, groß

LAUB: dunkelgrün, glänzend, elliptisch

WUCHS: aufrecht, kompakt und langsam

✿ Eine altbewährte und widerstandsfähige Sorte, deren Blätter zuweilen durch einen Virus verursachte gelbe Markierungen aufweisen.

JAP HG MITTEL/SPÄT

Gesamt-Übersicht nach Gruppen und Farben

Farbe	„Japonicas"		Hybriden				„Sasanquas"
	Jap	Higos	Williamsii	Ackerman	Reticulata	Sonstige	
Weiß	'Alba Simplex' 'Hakurakuten' 'K. Sawada' 'Lovelight' 'Madame Lou- rmand' 'Nobilissima' 'Nuccio's Gem' 'Shiragiku' 'Shirobotan', 'Snowman' 'Triphosa' 'White Nun' 'Yukimi- guruma'	'Fuji'	'China Clay'	'Snow Flurry' 'Winter's Snowman'		'Comish Snow'	'Baronesa de Soutelinho' 'Jewel Box' 'Kenkyo' 'Lago dei Cigni' 'Narumigata' 'Setsugekka'
Rosa	'Barbara Woodroof' 'Berenice Boddy' 'Billie McCas- kill' 'Elegans' 'Hagoromo' 'Mrs. Tingley'	'Hatsuwarai'	'Anticipation' 'Brigadoon' 'Debbie' 'Donation' 'Elegant Beauty' 'Mary Christian'	'Winter's Dream' 'Winter's Star'	'Inspiration' 'Leonard Messel'	'Spring- Festival'	'Plantation Pink'

Gesamt-Übersicht nach Gruppen und Farben

Farbe	„Japonicas"		Hybriden				„Sasanquas"
	Jap	Higos	Williamsii	Ackerman	Reticulata	Sonstige	
Rot	'Adolphe Audusson' 'Blood of China' 'Coquettii' 'Eximia' 'Grand Prix' 'Guilio Nuccio'	'Hiodoshi'			'Black Lace'	'Freedom Bell'	'Hiryu'
Mehr farbig	'Collettii' 'Gigantea' 'Hikarugenji' 'Kick-Off' 'Lady Vansittart' 'Masayoshi' 'Tricolor' 'Ville de Nantes'	'Mikuni-no-homare'	'Jury's Yellow'			'Showa-wabisuke'	'Versicolor'

Serviceteil

Kamelien von A bis Y

Sorte	Gruppe	Blüten-form	Blüten-farbe
'Adolphe Audusson'	Jap	HG	rot
'Alba Simplex'	Jap	EINF	weiß
'Anticipation'	Will-Hybr	P	rosa
'Barbara Woodroof'	Jap	ANEM	rosa
'Baronesa de Soutelinho'	Sas	EINF	weiß
'Berenice Boddy'	Jap	HG	rosa
'Billie McCaskill'	Jap	HG	rosa
'Black Lace'	Ret-Hybr	VG	rot
'Blood of China'	Jap	HG/PÄON	rot
'Brigadoon'	Will-Hybr	HG	rosa
'China Clay'	Will-Hybr	HG	weiß
'Collettii'	Jap	PÄON	mehrfarbig
'Coquettii'	Jap	VG/HG/ PÄON/ROS	rot
'Cornish Snow'	Sonst. Hybr	EINF	weiß
'Debbie'	Will-Hybr	PÄON	rosa
'Donation'	Will-Hybr	HG	rosa
'Elegans'	Jap	ANEM	rosa
'Elegant Beauty'	Will-Hybr	ANEM	rosa
'Eximia'	Jap	VG	rot
'Freedom Bell'	Sonst. Hybr	HG	rot
'Fuji'	Higo	EINF	weiß
'Gigantea'	Jap	HG/ROS/ PÄON	mehrfarbig
'Grand Prix'	Jap	HG	rot
'Guilio Nuccio'	Jap	HG	rot
'Hagoromo'	Jap	HG	rosa
'Hakurakuten'	Jap	HG/PÄON	weiß
'Hatsuwarai'	Higo	EINF	rosa
'Hikarugenji'	Jap	HG/PÄON	mehrfarbig

Kamelien von A bis Y (Fortsetzung)

Sorte	Gruppe	Blüten-form	Blüten-farbe
'Hiodoshi'	Higo	EINF	rot
'Hiryu'	Sas	HG/ROS	rot
'Inspiration'	Ret-Hybr	HG	rosa
'Jewel Box'	Sas	EINF	weiß
'Jury´s Yellow'	Will-Hybr	ANEM	mehrfarbig
'K. Sawada'	Jap	VG	weiß
'Kenkyo'	Sas	EINF	weiß
'Kick-Off'	Jap	PÄON	mehrfarbig
'Lady Vansittart'	Jap	HG	mehrfarbig
'Lago dei Cigni'	Sas	EINF	weiß
'Leonard Messe'l	Ret-Hybr	HG	rosa
'Lovelight'	Jap	HG	weiß
'Madame Lourmand'	Jap	EINF	weiß
'Mary Christian'	Will-Hybr	EINF/HG	rosa
'Masayoshi'	Jap	HG	mehrfarbig
'Mikuni-no-homare'	Higo	EINF	mehrfarbig
'Mrs. Tingley'	Jap	VG	rosa
'Narumigata'	Sas	EINF/HG	weiß
'Navajo'	Sas	EINF	mehrfarbig
'Nobilissima'	Jap	ANEM	weiß
'Nuccio´s Gem'	Jap	VG	weiß
'Plantation Pink'	Sas	EINF	rosa
'Setsugekka'	Sas	HG	weiß
'Shiragiku'	Jap	VG/ROS	weiß
'Shirobotan'	Jap	HG/PÄON	weiß
'Showa-wabisuke'	Sonst. Hybr	EINF	mehrfarbig
'Snow Flurry'	Ack-Hybr	PÄON	weiß
'Snowman'	Jap	HG	weiß
'Spring-Festival'	Sonst. Hybr	ROS	rosa
'Tricolor'	Jap	HG	mehrfarbig
'Triphosa'	Jap	HG	weiß
'Ville de Nantes'	Jap	HG	mehrfarbig
'White Nun'	Jap	HG	weiß
'Winter´s Dream'	Ack-Hybr	HG	rosa
'Winter´s Snowman'	Ack-Hybr	HG	weiß
‚Winter´s Star'	Ack-Hybr	EINF	rosa
'Yukimiguruma'	Jap	EINF	weiß
Bedeutung der Abkürzungen siehe Seite 91			

Kameliensammlungen in Deutschland

Botanischer Garten FU Berlin
Königin-Luise-Str. 6-8
14191 Berlin-Dahlem
Tel.: 030/838-501 00
Fax: 030/838-501 86
E-mail: zebgbm@zedat.fu-berlin.de
Internet: www.bgbm.fu-berlin.de/bgbm
Bedeutende Sammlung von Kamelien unter Glas

Botanischer Garten Uni Bonn
Meckenheimer Allee 171
53115 Bonn
Tel.: 0228/73-2259/5523
Fax: 0228/73-9058
E-mail: botgart@uni-bonn.de
www.botanik.uni-bonn.de
Vereinzelte Kamelien im Freien seit vielen Jahren; Sammlung von Kamelien im Freien im Aufbau, außerhalb, zugänglich nur nach Verabredung

Botanischer Garten Schloss Zuschendorf
Am Landschloss 6
01796 Pirna-Zuschendorf
Tel.: 03501/527734
E-mail: info@kamelienschloss.de
Internet: www.kamelienschloss.de
Bedeutende Sammlung von Kamelien unter Glas („Seidelsche Kamelien"). Ganz in der Nähe, im Schlosspark von **Dresden-Pillnitz**, steht die „Pillnitzer Kamelie", die älteste Kamelie Deutschlands (rot, einfach; seit über 200 Jahren im Freien, im Winter geschützt durch ein fahrbares Glashaus). Ebenfalls in der Nähe einige sehr alte – darunter drei 170 Jahre alte – Kamelien (unter Glas) in der Schlossgärtnerei **Königsbrück** in 01936 Königsbrück, Tel. 035795-30844. Ebenfalls in Sachsen ist in **Roßwein** eine über 200 Jahre alte Kamelie (weiß, gefüllt; unter Glas) zu bewundern. Näheres unter Internet: www.rosswein.de/ausflugtipp/kamelienhaus/index.htm.

Peter Fischer Kamelien-Kulturen
Höden 16, 21789 Wingst
Schauhäuser und Schaugarten, größte Sammlung von Kamelien im Freien in Deutschland.
Internet: www.kamelie.de

Grugapark Essen
Külshammer Weg 32 (Messegelände)
45149 Essen
Info-Tel.: 0201/88 83104
Internet: www.grugapark.de
Sammlung von Kamelien im Freien an der Baumhaselallee neben dem Bauerngarten, darunter zwei über 30 Jahre alte 'Hagoromo' (hinter der Figur).

Mainuferpromenade „Nizza"
in Frankfurt/Main
(westlich der Sonnenuhr)
Kleiner Kameliengarten in öffentlicher Anlage, 2001 neu angelegt, ganzjährig jederzeit zugänglich ohne Öffnungszeiten oder Eintritt

Palmengarten, Frankfurt/Main
Jährliche Kamelienausstellung zur Blütezeit (Mitte Januar bis Mitte Februar); außerdem vereinzelte Kamelien im Freien nahe dem Blütenhaus sowie herbstblühende Kamelien nahe dem Weiher an der Siesmayerstraße

Wilhelma – Zoologisch-botanischer Garten
Postfach 50 12 27, Neckartalstraße
70342 Stuttgart-Bad Cannstatt
Tel.: 0711/5402-0
Fax: 0711/5402-222
E-Mail: info@wilhelma.de
Internet: www.wilhelma.de
Bedeutende Sammlung von Kamelien unter Glas

Kameliengesellschaften

Deutsche Kameliengesellschaft e.V.
c/o Hartmut Eisen
Arndtstraße 1a
52064 Aachen
Tel.: 0241/9790607
Fax: 0241/53308600
E-Mail: info@kamelien-online.de
Internet: www.kamelien-online.de
Publikation: „Camellia"

International Camellia Society (ICS)
Rolf Tiefenbach, Am Muehlenbach 12,
27711 Osterholz-Scharmbeck
Tel./Fax: 04791/57669
Internet: www.camellia-ics.org
Publikationen: „International Camellia Journal" (Jahrbuch)
„International Camellia Register"
(2 Bände plus Ergänzungsband)

Verzeichnis ausgewählter Bezugsquellen

DEUTSCHLAND

Michael v. Allesch Kamelien-Kulturen
Kurfürstendeich 52, 21037 Hamburg
Breites Sortiment (ca. 600 Sorten/Arten). Ausstellung und Versand.
Schaugarten im Aufbau.

Peter Fischer Kamelien-Kulturen
Höden 16, 21789 Wingst
Größtes Sortiment in Deutschland, auch einige „Ackerman-Hybriden". Schauhäuser und -garten; größte Sammlung von Kamelien im Freien in Deutschland. Ausstellung und Versand. Internet: www.kamelie.de

Walter Klotz Kamelien-Kulturen
Auf der Trift 13, 63329 Egelsbach
Breites Sortiment, auch Versand.
Internet: www.klotz-kamelien.de

Friedrich Wolf Azaleen, Eriken, Kamelien
Am Opelprüffeld 1, 63110 Rodgau
Nur an Wiederverkäufer.

Joh. Ambraß Stauden-Gärtnerei
Großes Meer 14A, 26871 Papenburg
Noch kleines Angebot, im Aufbau.

Huben Baumschulen
Schriesheimer Fußweg 7
68526 Ladenburg (bei Heidelberg)

Breites Sortiment, auch Versand. Kamelienausstellungen im Frühjahr und im Herbst (einzige Ausstellung herbstblühender Kamelien in Deutschland).
Internet: www.huben.de

Rosenhof **Schultheis**
Bad Nauheimer Str. 3-7
61231 Bad Nauheim-Steinfurth
Auch Versand. Kamelientage im Frühjahr.
Internet: www.rosenhof-schultheis.de

SCHWEIZ

Baumschule **Eisenhut**
„Otto Eisenhut"
CH 6575 San Nazzaro/Tessin, Schweiz (oberhalb Lago Maggiore). Breites Sortiment und traumhafter Schaugarten („Parco Botanico").
Internet: www.eisenhut.ch

mercato verde
Gürtelstr. 41
CH-7000 Chur/Schweiz
Ausstellung und Versand (EU-weit).
Internet: www.mercato-verde.ch

ITALIEN

Floricoltura Lago Maggiore
Piffaretti, bei Laveno-Mombello, oberhalb Lago Maggiore, Italien.
Überwältigendes Angebot.
Internet: www.galactica.it/flm

FRANKREICH

Pépinière Botanique de Gaujacq
(J. & F. Thoby), Château-de-Gaujacq,
40330 Amou, Frankreich
Internet: www.thoby.com

Pépinière Thoby
B.P. 113, Route de Paris,
44470 Carquefou, Frankreich
Internet: www.thoby.com

GROẞBRITANNIEN

Rotherview Nursery
with Coghurst Camellias
(ehemals Logan Edgar)
Ivyhouse Lane, Three Oaks,
Hastings TN35 4NP
Großbritannien
Breites Angebot, auch an Sasanquas, auch „Ackerman-Hybriden".

Trehane Camellia Nursery
Stapehill Road, Hampreston, Wimborne,
Dorset BH21 7NE, Großbritannien (nahe Bournemouth).
Tel./Fax: +44-1202-873490
Traumhaftes Angebot, auch Export.

USA

Camellia Forest Nursery
9701 Carrie Rd., Chapel Hill,
NC 27516, USA
Auch „Ackerman-Hybriden".
Internet: www.camforest.com

Nuccio's Nurseries
P.O.Box 6160, Altadena,
Cal. 91001, USA
Weltberühmter Züchter seit über 60 Jahren, überwältigendes Angebot, auch Export.
Internet: www.nucciosnurseries.com

Verzeichnis weiterführender Literatur

ACKERMAN, WILLIAM L.: Camellias for Cold Climates. Horticulture, May 1993, S. 28-32 u. S. 88. – Der Autor, ein erfolgreicher amerikanischer Züchter, beschreibt als Ergebnisse eines umfangreichen Züchtungsprogramms am U.S. National Arboretum in Washington, D.C., 9 Sorten vergleichsweise winterharter Hybriden von *C. oleifera* (herbstblühend) und nennt Bezugsquellen in den USA. Die Winterhärte wird mit mindestens –10 °F (entspricht –24 °C) angegeben. Inzwischen gibt es auch erste – sehr positive – Erfahrungen mit diesen „Ackerman-Hybriden" und sogar Bezugsquellen in Europa.

BÄRTELS, ANDREAS: Gartengehölze, S. 265-267, Ulmer, 2. Aufl., Stuttgart 1991. – Eines der wenigen Sammelwerke, das die Kamelien nicht als Zimmerpflanzen, sondern als Gartengehölze beschreibt. Mit einer Liste von 50 für das Freiland geeigneten Sorten.

BEUCHERT, MARIANNE: Winterharte Kamelien in Deutschland, Beitrag in: Der Erwerbsgärtner, 16/1973, S. 779

CAMELLIA. Zeitschrift der Deutschen Kameliengesellschaft. – Gegründet 1994.

DIE KAMELIE. Ein Internet-Magazin. www.kamelien.de/magazin/index.htm Gedruckte Exemplare beim Verlag Klaus Peper, Hopfenweg 15, 66424 Homburg/Saar.

ERHARDT, ANNE UND WALTER: „PPP INDEX" Pflanzen-Einkaufsführer für Europa (mit CD-ROM). Ulmer, 3. Aufl., Stuttgart 1997. – Bezugsquellennachweis für ca. 80.000 Pflanzenarten, darunter auch für etwa 30 Wildformen und über 1000 Sorten von Kamelien (vgl. auch THE PLANT FINDER, den Bezugsquellennachweis für Großbritannien).

FISCHER, PETER: Kamelien. Allgemeine Einführung in die Kultur der Kamelien. Fröhlich, Celle, 1986. – 110 Seiten. Ausführliche Angaben zur Kultur der Kamelien und mehr als 100 Sortenbeschreibungen. Sehr schöne Farbfotos. Der Autor ist international anerkannter Kamelienexperte und erfolgreicher Kamelienzüchter, Inhaber einer großen Kameliengärtnerei in Wingst nahe Hamburg mit dem größten Kameliensortiment in Deutschland.

INTERNATIONAL CAMELLIA JOURNAL. An Official Publication of The International Camellia Society.– Offizielles Organ der International Camellia Society. Erscheint jährlich. Enthält Berichte aus aller Welt, vor allem über Neuheiten und die Arbeit der einzelnen Kameliengesellschaften.

INTERNATIONAL CAMELLIA REGISTER. Compiled by Thomas J. Savige, International Registrar, The International Camellia Society, Fine Arts Press, Sydney 1993 und 1997. – 2 Bände von 1993 mit insgesamt 2208 Seiten sowie ein Ergänzungsband "Supplement" von 1997. In Englisch. Offizielles Register der International Camellia Society, legt die gültigen Namen der Kamelien weltweit erstmalig verbindlich fest. Über 30.000 Namen und etwa 20.000 ausführliche Sortenbeschreibungen. Außerdem ausgezeichnete Einführung und umfassende Bibliographie, die auch die Kataloge der Kameliengärtnereien weltweit umfasst. Der Ergänzungsband beinhaltet Korrekturen für die beiden Bände von 1993 sowie die Neueinführungen 1990-95. Zu beziehen über die Int. Camellia Society.

MACOBOY, STIRLING: The Illustrated Encyclopedia of Camellias. Timber Press, USA, 1998. 304 Seiten. In Englisch. Aktualisierte und erheblich erweiterte Ausgabe des „Colour Dictionary" in hervorragender Druckqualität, aber mit etwas reduziertem Text. Eines der besten Bücher über Kamelien derzeit.

RHS PLANT FINDER. Philip, Chris, Tony Lord u.a.. 70.000 plants & where to buy them. Dorling Kindersley, 2000 – Bezugsquellenverzeichnis von Großbritannien, führt über 500 Sorten und Wildformen von Kamelien auf und über 30 Bezugsquellen, hauptsächlich in Süd-England und Wales (siehe auch ERHARDT: PPP Index).

THE JAPAN CAMELLIA SOCIETY: The Nomenclature of Japanese Camellias and Sasanquas, Japan 1999. – Offizielles Verzeichnis der Japanischen Kameliengesellschaft für japanische Kamelien, hervorragende Ergänzung zum International Camellia Register (Englische Übersetzung, mit Index).

TREHANE, JENNIFER: Camellias. The Complete Guide to their Cultivation and Use. Batsford, London, 1998. 176 Seiten. In Englisch. Sehr praxisnahe Darstellung aus der Sicht einer professionellen Kameliengärtnerin.

URBAN, HELGA & KLAUS: Kamelien. Ulmer 2000, 3., aktualisierte Auflage von „Schöne Kamelien" (1. Aufl. Ulmer 1995). – 112 Seiten. Standardwerk für die Kultur von Kamelien in Deutschland, auch und insbesondere für die Kultur im Freiland. Außerdem kleine Geschichte der Kamelien und weit über 100 Sortenbeschreibungen, viele Farbfotos.

URBAN, HELGA: Ein Garten der Düfte. BLV 1999. – 143 Seiten. Mit einem Kapitel über duftende Kamelien.

URBAN, HELGA: Ein weißer Garten. Ulmer, Stuttgart 2006, 2., akt. Auflage. – 192 Seiten. Mit ausführlicher Beschreibung der Kultur von Kamelien im Freiland und in Töpfen und mit einer Liste von fast 100 weißen Kamelien.

Empfehlenswert sind außerdem die Kataloge einiger führender Kameliengärtnereien, z.B. von Peter Fischer, Floricoltura Lago Maggiore, James Trehane & Sons und Nuccio's Nurseries sowie der Baumschulen Huben (siehe Bezugsquellenverzeichnis)

Kamelien im Internet
Inzwischen gibt es vielfältige Informationen über Kamelien auch im Internet. Wir haben die interessantesten Seiten unter der Adresse „www.onlineagentur.de/Urban/kaminte.htm" zusammengestellt, die wir laufend pflegen.

Namen- und Sachregister

* verweist auf Abbildungen

Sortenverzeichnis

Sortenbeschreibungen in Fettdruck;
* verweist auf Abbildungen

Bildquellen

Baumschule H. Hachmann; Barmstedt: Seite 81, 106, 111 (unten)
Fischer, Peter; Wingst: Seite 11, 29, 30, 34, 61, 72, 77.
GAP Photos/J S Sira:Titelbild.
GBA Strauß/Engelhardt; Au: Seite 42.
Morell, Eberhard; Kronberg: Seite 46, 50 (unten), 85, 88, 101 (oben).
Staatliche Schlösser und Gärten Dresden/M. Lüttich: Seite 10.
Strauß, Friedrich; Au: Seite 4 (unten), 22 (links), 82 (unten).
Urban, Helga und Klaus; Frankfurt/M.: Seite 2, 8, 15, 17, 19, 20 (4), 21, 22 (rechts), 26, 33, 37, 39, 40, 44 (2), 50 (oben), 52, 55, 56, 57 (2), 58, 59 (2), 60, 63, 66, 67, 69, 74, 76, 82 (5), 84, 87, 90, 92, 94, 96 (2), 101 (unten), 103, 105, 108, 109, 111 (oben), 112, 117.

Die Winterhärtezonenkarte nach Heinze/Schreiber auf S. 25 wurde dem Titel „Enzyklopädie der Gartengehölze" von A. Bärtels, Seite 17, Verlag Eugen Ulmer 1991, entnommen.
Die Zeichnungen fertigte Artur Piestricow, Stuttgart, nach Vorlagen der Verfasser an.

Die in diesem Buch enthaltenen Empfehlungen und Angaben sind vom Autor mit größter Sorgfalt zusammengestellt und geprüft worden. Eine Garantie für die Richtigkeit der Angaben kann aber nicht gegeben werden. Autor und Verlag übernehmen keinerlei Haftung für Schäden und Unfälle.

Bibliografische Information der Deutschen Nationalbibliothek
Die Deutsche Nationalbibliothek verzeichnet diese Publikation in der Deutschen Nationalbibliografie; detaillierte bibliografische Daten sind im Internet über http://dnb.d-nb.de abrufbar.

Wollgrasweg 41, 70599 Stuttgart (Hohenheim)
E-Mail: info@ulmer.de
Internet: www.ulmer.de
Lektorat: Karin Wachsmuth
Herstellung: Michael Christ
Umschlagentwurf: red.sign, Annette Vogt, Stuttgart
Satz: r&p digitale medien, Leinfelden-Echterdingen
Druck und Bindung: Firmengruppe APPL, aprinta Druck, Wemding
Printed in Germany

ISBN 978-3-8001-5874-4

Umfangreiche Nachschlagewerke

Tausend stimmungsvolle Porträts setzen die Variationen der bekannten Gartenschönheit in Szene. Prägnante Texte – verfasst in drei Sprachen – vermitteln Wissenswertes über Herkunft, Wuchs und Standortansprüche der vielfältigen Pflanzengattung Hydrangea.

Hortensienatlas.

Mit 1000 Farbporträts. C. Mallet. 2008. 208 S., geb. ISBN 978-3-8001-5793-8.

Finden Sie die richtige Clematis für Ihren Garten! Clematis kann als kletternder Blütenstrauch oder auch durch ihren staudenähnlichen Wuchs den Garten zu einer fantastischen Kulisse verwandeln oder farbige Akzente setzen.

Clematis.

A. Bärtels, K. Kaiser. 2004. 191 S., 172 Farbf., 26 Strichzeichn., 2 Karten, geb. ISBN 978-3-8001-4408-2.

www.ulmer.de Ulmer